MANESSE BIBLIOTHEK DER WELTLITERATUR

ABAELARD UND HELOÏSE

Liebesbriefe

Aus dem Lateinischen übersetzt
von Hans-Wolfgang Krautz

Nachwort von Georges Duby

MANESSE VERLAG
ZÜRICH

ERSTER BRIEF

Abaelards Trostbrief an seinen Freund (Die Geschichte seiner Niederlagen)

1 Oft sind es eher Vorbilder als Worte, die menschliche Leidenschaften entweder erregen oder besänftigen. Darum habe ich nach mancher in Deiner Anwesenheit an Dich gerichteten Trostrede beschlossen, an den Abwesenden ausschließlich mittels der Erfahrung meiner Niederlagen einen Trostbrief zu schreiben, damit Du im Vergleich mit den meinen erkennst, dass Deine entweder keine oder nur geringfügige Heimsuchungen sind, und Du sie geduldiger erträgst.

2 Ich bin geboren in der Stadt Palais, an der Grenze der Bretagne, ungefähr acht Meilen östlich von Nantes gelegen. Ein lebhaftes Temperament und eine für die wissenschaftliche Ausbildung leicht empfängliche Begabung waren Erbe meines heimatlichen Bodens oder meiner Abstammung. Mein Vater hatte sich etwas mit Wissenschaft befasst, ehe er den ritterlichen Waffenschmuck angelegt hatte, und später hat er sich der Wissenschaft mit solcher Liebe hingegeben, dass er darauf sah, alle seine Söhne zuerst wissenschaftlich auszubilden, ehe sie sich im Waffenhandwerk übten. Und so geschah es auch. Ich war der Erstgeborene, und je lieber er mich hatte, desto sorgfältiger ließ er mich unterrichten. Ich aber hing den Wissenschaften umso brennender an, je weiter und leichter ich Fortschritte machte in ihrem Studium, und ich ließ mich von solcher Liebe zu ihnen verlocken, dass ich, allen kriegerischen Ruhmesglanz samt meinem Erbe und den Vorrechten meiner Erstgeburt den Brüdern hinterlassend, dem Hof des Mars völlig entsagte, um mich im Schoß Minervas erziehen zu lassen. Und da ich allen Beweisen der Philosophie die Rüstkammer der Dialektik[1] vorzog, legte ich meine bisherige Waffenrüstung ab und erkor mir statt der Kriegstrophäen die Gefechte der Disputationen. Ich wurde ein Nacheiferer der Peripatetiker[2], indem ich disputierend die Gegenden durchwanderte, von denen ich gehört hatte, dass dort das Studium dieser Kunst erstarke.

3 So kam ich denn auch nach Paris, wo von alters her diese Wissenschaft in höchster Blüte stand. Wilhelm von Champeaux[3], der damals in diesem Fach in Wirklichkeit wie in seinem

Ruf hervorragend war, wurde mein Lehrer. Ich besuchte eine Zeit lang seine Schule und war anfangs bei ihm beliebt; bald aber wurde ich ihm höchst unbequem, da ich manche seiner Sätze zu widerlegen versuchte und mir wiederholt herausnahm, ihn mit Gegengründen anzugreifen, wobei ich ihm einige Male im Disputieren sichtlich überlegen war. Auch jene Mitschüler, die als hervorragend galten, nahmen dies mit umso größerer Entrüstung auf, je mehr ich als untergeordnet galt dem Alter und der Studienzeit nach. Und so begann die lange Kette meiner Niederlagen, die noch immer fortdauern, und je weiter mein Ruf sich verbreitete, desto heftiger entbrannte gegen mich fremder Neid. Es geschah, dass ich über die Kräfte meiner Jugend hinaus meiner Begabung zu viel zumutete und noch als ganz junger Mann danach trachtete, eine eigene Schule zu gründen, und schon fasste ich einen Platz ins Auge, um dies auszuführen: Melun, einen Ort, der damals als königliche Residenz offensichtlich bedeutend war. Mein Lehrer merkte es, und um meine Schule möglichst entfernt von der seinen zu halten, bot er, bevor ich seine Schule verließ, insgeheim alle Mittel auf, um die Einrichtung meiner eigenen zu verhindern und mir den Ort, der von mir vorgesehen war, wegzunehmen. Doch hatte er ebenda einige einflussreiche Herren des Landes zu Feinden; mit ihrer Hilfe führte ich meinen Plan durch, und gerade seine offenkundige Missgunst verschaffte mir die Zustimmung der Mehrzahl. Von dieser Probezeit meiner Schule an begann sich mein Name in der dialektischen Kunst so zu verbreiten, dass der Ruhm meiner Mitschüler und sogar der meines Lehrers allmählich erlosch. So geschah es, dass ich mir selbst mehr zutraute und nicht ruhte, bis ich meine Schule so schnell wie möglich nach Corbeil verlegt hatte, wo wegen der Nähe zu Paris sich meiner Angriffslust gewiss mehr offene Flanken zum Streitgespräch boten.

4 Es dauerte jedoch nicht lange, bis ich, von Überanstrengung im Studium zerrüttet, wegen einer Krankheit in meine Heimat zurückkehren musste. So war ich einige Jahre aus Frankreich sozusagen verbannt und wurde von denen, die die dialektische Wissenschaft reizte, besonders schmerzlich vermisst. Es verflossen einige Jahre, und als ich mich längst von meiner Krankheit erholt hatte, änderte Wilhelm von Champeaux, mein berühmter Lehrer und Archidiakon von Paris, plötzlich seine Lebensweise, indem er in den Orden der regulierten Chorherren[4] eintrat –

man sagte, mit der Absicht, auf diese Weise für frömmer gehalten zu werden und sich dadurch zu umso höherer Würde aufzuschwingen. Dies gelang ihm denn auch in kürzester Zeit: Er wurde Bischof von Châlons, ohne dass ihn diese Umgestaltung seines Lebens von Paris oder von der gewohnten Beschäftigung mit der Philosophie fernhielt; vielmehr hielt er eben in dem Kloster, in das er sich aus Frömmigkeit zurückgezogen hatte, öffentliche Vorlesungen in gewohnter Manier. Damals kehrte ich zu ihm zurück, um Rhetorik bei ihm zu hören; abgesehen von mancherlei sonstigen gemeinsamen Disputationsversuchen brachte ich ihn durch unumstößliche Beweisgründe dahin, dass er seine alte Lehre von den Universalien[5] abänderte, ja gänzlich verwarf. Seine Lehre von der Gemeinsamkeit der Universalien bestand darin, dass er behauptete, ein und dieselbe Wesensbeschaffenheit sei in allen Einzeldingen ganz und zugleich, sodass diesen gewiss keine Verschiedenheit im Wesen zukomme, sondern nur eine Mannigfaltigkeit durch die Menge der Akzidenzien[6]. Nun änderte er seine Lehre insofern, dass er nicht mehr die Identität der Wesensbeschaffenheit behauptete, sondern nur ihre Ununterscheidbarkeit. Diese Frage galt aber bei den Dialektikern von jeher als eine der wichtigsten in der Lehre von den Universalien, sodass selbst Porphyrius in seiner «Isagoge»[7], als er über die Universalien schrieb, sie nicht zu entscheiden wagte, sondern nur sagte: «Dies ist ein sehr weitläufiges Unternehmen.» Da nun Wilhelm von Champeaux in diesem Punkt seine Lehre geändert oder vielmehr unfreiwillig aufgegeben hatte, gerieten seine Vorlesungen dermaßen in Misskredit, dass man ihm kaum noch gestattete, die übrigen Lehrstücke der Dialektik zu lesen, als hätte diese ganze Wissenschaft ihren Kernpunkt in dieser Lehre von den Universalien.

5 Unter diesen Umständen gewann meine eigene Schule so viel Ausstrahlungskraft und Geltung, dass jene, die meinem Meister zuvor recht eifrig anhingen und meine Lehre früher am heftigsten bekämpft hatten, in meine Schule eilten; ja selbst der, der an der Schule zu Paris meinem Meister im Lehramt nachfolgte, bot mir seinen Lehrstuhl an, um sich mit den andern ebenda meiner Meisterschaft anzuvertrauen, wo einst unser gemeinsamer Meister geglänzt hatte. Erst wenige Tage leitete ich dort das Studium der Dialektik; mit welchem Neid begann mein Meister sich da zu verzehren, in welchem Schmerz zu rasen – das ist nicht leicht

darzustellen. Außerstande, das Rasen des empfundenen Unglücks länger zu tragen, griff er mich tückisch an, um mich auch jetzt wieder zu verdrängen. Da er in dem, was er offen tun konnte, nichts gegen mich vermochte, setzte er aufgrund von übelsten Beschuldigungen durch, dem Mann die Lehrbefugnis zu nehmen, der mir seinen Lehrstuhl überlassen hatte, worauf einer meiner Gegner an seine Stelle rückte. Daraufhin kehrte ich nach Melun zurück und richtete dort meine Schule ein wie früher, und je unverhüllter seine Missgunst mich verfolgte, desto mehr trug sie mir Ansehen ein – nach dem Dichterwort:

«Die Größe macht der Neid zu seinem Ziel,
Am schärfsten weht der Sturmwind auf den Höhn.»[8]

Bald darauf merkte Wilhelm, dass fast alle seine Schüler an seiner Frömmigkeit zweifelten und sich allerhand über seine Bekehrung zuraunten, da er sich nicht im Geringsten veranlasst gesehen hätte, sich aus der Hauptstadt zurückzuziehen. Nun siedelte er mit seinem Konventikel und mit seiner Schule an einen von der Stadt Paris ziemlich entfernten Ort über. Alsbald kehrte ich von Melun nach Paris zurück, weil ich hoffte, zukünftig Ruhe vor ihm zu haben. Da jedoch, wie gesagt, mein Platz noch von meinem Gegner eingenommen war – das hatte er erreicht –, schlug ich das Lager meiner Schule außerhalb der Stadt auf dem Hügel der heiligen Genoveva[9] auf, als wollte ich den belagern, der meinen Platz eingenommen hatte. Auf die Kunde davon ging mein Meister unverfroren sogleich nach Paris zurück; was er noch an Schülern haben konnte, brachte er samt seiner kleinen Bruderschaft in seinem alten Kloster unter; es sah aus, als wollte er den Posten, den er alleingelassen hatte, von unserer Belagerung befreien. Allein: Während er ihm nützen wollte, schadete er ihm besonders. Vorher nämlich hatte jener noch etliche Schüler gehabt, hauptsächlich wegen seiner Vorlesungen über Priscianus[10], in denen er noch am ehesten etwas taugte, wie man annahm. Nachdem der Meister aber angekommen war, verlor er vollends alle und war so genötigt, die Leitung der Schule aufzugeben, und nach noch nicht langer Zeit hat auch er, am Ruhm dieser Welt für immer verzweifelnd, sich zum klösterlichen Leben bekehrt. Welche Gefechte in Disputationen meine Schüler nach der Rückkehr meines Meisters mit ihm selbst wie mit seinen Anhängern ausgefochten haben und welche Glückswendungen das Schicksal in diesen Kämpfen mir und den Meinen gönnte, das hat Dir längst der weitere Verlauf von selbst gezeigt. Kühn, wenn ich auch bescheidener spreche, darf ich jenes Wort des Ajax anführen:

> «Und fragt ihr nach dem Schicksal dieses
> Kampfs:
> Er hat mich nicht besiegt.»[11]

Wollte ich darüber schweigen, so spricht schon der Verlauf laut für sich, und der Erfolg der Sache selbst bezeugt es.

6 Während dies geschah, drang meine geliebte Mutter Lucia in mich, nach Hause zu kommen. Sie bereitete sich nach der Bekehrung meines Vaters Berengar zum Mönchsgelübde darauf vor, es ebenfalls abzulegen. Als dies vollbracht war, kehrte ich nach Frankreich zurück, hauptsächlich um Theologie zu studieren. Denn damals prunkte mein schon oft genannter Meister Wilhelm von Champeaux innerhalb seines Bistums Châlons. Die größte Autorität auf diesem Gebiete besaß jedoch seit langer Zeit sein Lehrer Anselm von Laon[12].

7 Ich besuchte also die Schule dieses alten Mannes, der freilich seinen Namen mehr einer

langjährigen Routine zu verdanken hatte als seiner Begabung oder Gedächtniskraft. Wer in irgendeiner Frage unsicher an seine Tür pochte, um ihn aufzusuchen, der kehrte noch unsicherer zurück. Zwar war er bewundernswert in den Augen der Zuhörer, aber ein Nichts nach Ansicht von Fragenden. Er verfügte über eine ungewöhnliche Redegewandtheit, aber sie war gedankenarm und vernunftleer. Das Feuer, das er entzündete, füllte sein Haus nur mit Rauch, statt es zu erleuchten. Er glich einem Baum, der in seinem Blätterschmuck, wenn man ihn von Weitem anschaute, stattlich aussah, und doch, wenn man sich näherte und ihn genauer betrachtete, sich als unfruchtbar erwies. Als ich hinzutrat, um Früchte von ihm zu sammeln, fand ich in ihm jenen Feigenbaum, den der Herr einst verfluchte,[13] oder jene alte Eiche, mit der der Dichter Lukan den Pompejus vergleicht, indem er sagt:

«Vom großen Namen lebt ein Schatten,
Wie im fruchtbaren Feld noch raget der
Eichbaum.»[14]

Nachdem ich dies herausgefunden hatte, blieb ich nicht mehr viele Tage müßig in seinem Schatten liegen, sondern besuchte seine Vorlesungen immer seltener. Einige seiner bedeutendsten Schüler waren nun darüber empört, dass ich zum Verächter eines solchen Meisters würde. Daher brachten sie auch ihn heimlich gegen mich auf und machten mich durch üble Verleumdungen bei ihm verhasst. Eines Tags geschah Folgendes: Nach dem Vergleich einiger Thesen unterhielten wir uns in zwangloser Weise. Einer meiner Mitschüler fragte mich in der Absicht, mir eine Falle zu stellen, was ich vom Lesen der Heiligen Schrift halte. Ich, der ich bis jetzt nur weltliche Wissenschaft getrieben hatte, antwortete, dass es kein heilsameres Studium gebe als das der Bibel, weil man daraus das Heil unserer Seele erkenne; nur müsse ich mich darüber sehr wundern, dass den Gelehrten zum Verständnis der Auslegungsmöglichkeiten der heiligen Schriftsteller nicht der einfache Text und etwa die Glossen[15] dazu genügen, sondern dass sie noch weitere Anleitung nötig hätten. Darüber lachten die meisten Anwesenden, und man fragte mich, ob ich mir zutraue und dazu fähig sei, dies in Angriff zu nehmen. Ich erwiderte, dass ich zur Probe bereit sei, wenn sie es wollten. «Gewiss wollen wir», antworteten sie mir unter Geschrei und erneutem Gelächter, «man soll Euch deshalb für einen Kommentar irgendeine wenig bekannte Schriftstelle suchen und Euch übergeben, und wir wollen daran erproben, was Ihr versprecht.»

8 Sie einigten sich nun auf ein höchst dunkles Kapitel des Propheten Ezechiel; nachdem ich die Stelle für den Kommentar erhalten hatte, lud ich sie schon auf den folgenden Tag zu einer Vorlesung ein.

Sie jedoch gaben mir gegen meinen Willen einen Rat und meinten, eine so wichtige Sache dürfe man nicht übereilen; da ich in diesem Fach doch noch unerfahren sei, müsse ich mehr Zeit auf die Ausarbeitung und Absicherung meiner Auslegung verwenden. Allein ich antwortete gereizt, es gehöre nicht zu meiner Gewohnheit, mit Routine weiterzukommen, sondern mit Genialität; und ich fügte hinzu, ich werde überhaupt die ganze Sache aufgeben, wenn sie sich nicht ohne Verzug zu der Vorlesung einfinden wollten, wann ich es wünsche. Zu meiner ersten Vorlesung fanden sich nun allerdings nur wenige ein; den meisten erschien es lächerlich, dass ich – bisher ganz unbewandert im Studium der Heiligen Schrift – dies so übereilt in Angriff nehme. Denen aber, die meiner Vorlesung beiwohnten, gefiel sie so gut, dass sie sie in höchsten Tönen lobten und drängten, meine Erklärung nach dieser meiner Methode fortzusetzen. Als dies bekannt wurde, beeilten sich auch die um die Wette, die bisher ferngeblieben waren, in die zweite und dritte Vorlesung zu kommen, und waren eifrig darauf bedacht, sich von den Erläuterungen, die ich am ersten Tag begonnen hatte, noch eine Abschrift zu verschaffen.

Die Folge davon war, dass der erwähnte alte Mann von heftiger Eifersucht befallen wurde, und da er schon vorher, wie ich oben erwähnte, durch mancher Leute Einflüsterungen gegen mich aufgehetzt war, verfolgte er mich nun wegen meiner theologischen Vorlesungen geradeso, wie es einst Wilhelm wegen der philosophischen getan hatte.

9 Es waren damals in der Schule dieses alten Mannes zwei, die alle Übrigen auszustechen schienen: Alberich von Reims und Lotulf aus der Lombardei[16]; je mehr sie von sich selbst eingenommen waren, desto tiefer waren sie gegen mich erbittert. Von deren Verleumdung, wie man nachher feststellte, wurde jener alte Mann so sehr verwirrt, dass er mir auf unverschämte Art untersagte, das begonnene Unternehmen der Erläuterung am Ort seiner Lehrtätigkeit fortzusetzen, indem er den Grund vorschützte, es könne, wenn ich womöglich bei jenem Unternehmen etwas im Irrtum niederschriebe, ihm zur Last gelegt werden. Als dies meinen Schülern zu Ohren kam, war ihre Entrüstung gewaltig über eine so offenkundige Intrige aus Brotneid, wie sie niemanden je schlimmer getroffen hatte. Je offenkundiger sie war, umso ehrenvoller war sie für mich, und durch die Verfolgung machte sie mich noch berühmter.

10 So kehrte ich denn auch nach wenigen Tagen nach Paris zurück und hatte dort den mir schon längst bestimmten und angebotenen Lehrstuhl, von dem ich zunächst vertrieben worden war, einige Jahre in Ruhe inne; gleich im Anfang meiner Wirksamkeit bemühte ich mich, jene Glossen zu Ezechiel zu vollenden, die ich in Laon begonnen hatte. Dieses Werk wurde bei den Lesern so günstig aufgenommen, dass sie glaubten, ich hätte keine geringere Ausstrahlungskraft in der theologischen Vorlesung erreicht, als sie sie in der philosophischen erlebt hatten. Die Begeisterung für meine Vorlesungen in beiden Fächern vermehrte die Zahl meiner Schüler ganz erheblich; welcher Gewinn, welcher Ruhm mir daraus erwuchs, das hat auch Dir vom Hörensagen nicht unbekannt bleiben können. Allein das Glück hat von jeher die Toren aufgebläht; die Sicherheit dieser Welt schwächt die Spannkraft der

Seele und entkräftet sie leicht mit den Lockungen des Fleisches. So ging es auch mir: Schon hielt ich mich für den einzigen Philosophen in der Welt, der von keiner Seite mehr eine Verunsicherung zu fürchten brauche, und ich, der bis jetzt streng enthaltsam gelebt hatte, begann nun, meinen Leidenschaften die Zügel schießen zu lassen. Je mehr ich in Philosophie und Theologie Fortschritte machte, desto weiter blieb ich mit meinem unreinen Lebenswandel hinter den Philosophen und den Heiligen zurück. So viel steht fest, dass die Philosophen und noch mehr die Heiligen, das heißt die, die sich nach den Geboten der Heiligen Schrift richten, besonders im Glanz ihrer Enthaltsamkeit prangten. Ich nun war ganz und gar von Stolz und Sinnlichkeit befallen, aber die göttliche Gnade hat mir Heilung von beiden Krankheiten gebracht, freilich gegen meinen Willen, und zwar zuerst von der Sinnlichkeit, dann vom Stolz: von der Sinnlichkeit, indem sie mich dessen beraubte, womit ich sie ausgeübt hatte; vom Stolz, der meinem Wissen entstammte – denn «Wissen bläht auf», sagt der Apostel[17] –, indem sie mich durch die Verbrennung jenes Buches, dessen ich mich am meisten rühmte, demütigte.

11 Ich möchte, dass Du beide Geschichten

wahrheitsgetreuer aus ihrem wirklichen Verlauf als vom Hörensagen kennenlernst, in der Reihenfolge, in der sie sich zutrugen. Weil ich vor dem schmutzigen Verkehr mit Dirnen immer zurückschreckte und mich vom Treffen und Umgang mit vornehmen Damen durch die Beharrlichkeit meines Studiums abhalten ließ, überhaupt vom Umgangston gegenüber weltlichen Frauen nicht viel verstand, fand das schlimme Schicksal, wie man sagt, mir schmeichelnd eine umso bequemere Gelegenheit, mich noch leichter vom Gipfel meiner Größe herabzustürzen – ja vielmehr die göttliche Güte wollte mich, den Überstolzen und vor der empfangenen Gnade Undankbaren, gedemütigt für sich retten.

12 Es lebte in Paris ein junges Mädchen namens Heloïse, die Nichte eines Kanonikus Fulbert, der sie, je mehr er sie liebte, umso sorgfältiger in jeder Wissenschaft, wo er nur konnte, zu fördern bestrebt war. Gehörte sie schon ihrem Äußern nach nicht zu den Letzten, so war sie durch den Reichtum ihrer Bildung weitaus die Erste. Denn je seltener man diesen Vorzug wissenschaftlicher Bildung bei Frauen findet, desto mehr empfahl er dieses Mädchen, das sich dadurch bereits im ganzen Lande einen hervorragenden Namen gemacht hatte. Sie, die ich mit allem geschmückt sah, was Liebhaber anzulocken pflegt, gedachte ich nun, da sie eher willfährig war, zur Liebe an mich zu fesseln, und meinte, dies werde mir ein Leichtes sein. Mein Name war damals hoch gefeiert, und ich stach im Reiz meiner Jugend und Schönheit hervor, sodass ich keine Zurückweisung fürchten zu müssen glaubte, wenn ich eine Frau meiner Liebe würdigte, mochte sie sein, wer sie wollte. Von diesem Mädchen aber glaubte ich, dass sie sich mir umso lieber hingeben werde, als sie wissenschaftliche Bildung besaß und schätzte, wie ich wusste. Ich sagte mir, dass wir selbst in Abwesenheit noch schriftlich miteinander verkehren konnten, dabei das meiste verwegener hinschrieben als aussprächen und so immer in angenehme Gespräche verwickelt wären.

13 In Liebe zu diesem Mädchen vollkommen entflammt, suchte ich nach einer Gelegenheit, um sie durch täglichen Verkehr in ihrem Hause mir vertraut zu machen und sie leichter zur Hingabe zu verleiten. Ihres Oheims eigene Freunde waren mir dabei behilflich, dass dies auch eintrat; ich kam mit ihm überein, dass er mich um eine beliebige Aufwandsentschädigung in sein Haus aufnehmen sollte, das ganz in der Nähe meiner Schule lag. Ich gebrauchte dabei den Vorwand, dass die Sorge für meinen Haushalt mein Studium erheblich behindere und der Aufwand mich allzu sehr belaste. Nun war Fulbert ein großer Geizhals, dabei aber doch darauf bedacht, dass seine Nichte in ihrer gelehrten Bildung immer weiter Fortschritte mache. Beides zusammen verschaffte mir leicht die Einwilligung, und ich bekam, was ich wollte: Einerseits war er ganz auf das Geld aus, andererseits versprach er sich davon, dass seine Nichte etwas von meiner gelehrten Bildung in sich aufnehmen werde. Ja, er kam selbst meinen Wünschen mehr, als ich zu hoffen wagte, entgegen und leistete meiner Liebe Vorschub. Er überließ sie offensichtlich ganz und gar meiner Erziehung und bat mich obendrein dringend, ich möchte doch ja alle freie Zeit, wenn ich von der Schule zurückgekehrt sei, sei's bei Tag oder bei Nacht, auf ihren Unterricht verwenden, ja, wenn ich spürte, dass sie nachlässig sei, solle ich sie rücksichtslos züchtigen. Ich musste sehr staunen, wie groß seine Einfalt war, und ich war bei mir nicht weniger entsetzt, als wenn er das unschuldige Lamm dem hungrigen Wolf anvertraute. Wenn er sie mir nicht bloß zur Ausbildung, sondern auch zur heftigen Züchtigung auslieferte: Was tat er da anderes, als meinen Wünschen vollkommene Freiheit zu gewähren und mir Gelegenheit zu bieten, auch wenn ich nicht wollte, sie, wenn ich es mit Schmeicheleien nicht vermochte, mit Drohungen und Schlägen umso leichter umzustimmen. Aber besonders zweierlei hielt schmählichen Verdacht fern von ihm: die Liebe zu seiner Nichte und der bisherige Ruf meiner Enthaltsamkeit.

14 Was soll ich weiter viel sagen? Zuerst ein Haus, dann ein Herz und eine Seele verbinden uns. Unter dem Deckmantel der Unterweisung gaben wir uns ganz der Liebe hin, und unsere Beschäftigung mit Lektüre bot uns die stille Abgeschiedenheit, die unsere Liebe sich wünschte. Da wurden über dem offenen Buch mehr Worte über Liebe als über Lektüre gewechselt; da gab es mehr Küsse als Sprüche. Nur allzu oft zog es die Hand statt zu den Büchern zu ihrem Busen, und öfter spiegelte Liebe die Augen ineinander, als dass die Lektüre sie auf die Schrift lenkte; ja, um jeden Verdacht unmöglich zu machen, gab es einige Male Schläge. Aber es war Liebe, nicht Grimm, Neigung, nicht Zorn, und sie überboten die Süße von allem Balsam der Welt. Kurz: Keine Stufe der Liebe ließen wir Leidenschaftlichen aus, und wo die Liebe etwas Ungeheuerliches erfinden konnte, wurde es mitgenommen. Und je weniger wir bisher diese Freuden erfahren hatten, umso glühender verharrten wir in ihnen und umso weniger wandelten sie sich in Überdruss. Und je mehr mich diese Lust ergriffen hatte, desto weniger hatte ich mehr Zeit und Muße für Philosophie und Schule. Es war mir im Innersten zuwider, vor meine Schüler hinzutreten und unter ihnen zu weilen; zugleich war es aufreibend: Meine Nächte widmete ich der Liebe, die Tage der geistigen Arbeit. Meine Vorträge zeigten mich gleichgültig und matt, sodass ich nichts mehr mit Genialität, sondern alles mit Routine vortrug; ich war nur noch ein Rezitator vergangener Einfälle, und wenn ich dann und wann noch imstande war, ein Lied zu erfinden, so war es ein Lied der Liebe, nicht von den Tiefen der Weisheit. Die meisten dieser Lieder leben noch jetzt in vielen Gegenden, wie Du selbst weißt, und werden von denen gesungen, die ein ähnliches Leben genießen. Von der Trauer, dem Jammer, den Klagen meiner Schüler, als sie diese Ergriffenheit, ja Erschütterung spürten, kann man sich kaum eine Vorstellung machen. Nur wenigen konnte ein so klarer Sachverhalt entgehen, eigentlich niemandem, wie ich glaube, außer dem, dessen Ehre es am meisten betraf, dem Oheim des Mädchens selbst. Zwar wurde er mehrmals und von verschiedenen Seiten heimlich gewarnt; aber er konnte daran nicht glauben, und zwar, wie ich oben erwähnte, wegen der unbegrenzten Liebe zu seiner Nichte und wegen der unbezweifelbaren Reinheit meines Vorlebens. Denn wohl fällt es uns schwer, von denen, die wir lieben, Schlechtes zu glauben, und in leidenschaftlicher Liebe ist nichts von dem schleichenden Gift des Argwohns. So schreibt auch der heilige Hieronymus[18] in seinem Brief an Sabinianus[19]: «Gewöhnlich erfahren wir selbst zuletzt das Unheil in unserem Hause und wissen nichts von den Fehlern unserer Kinder und Frauen, wenn die Nachbarn schon laut davon sprechen.» – Aber wenn auch spät, einmal weiß man es doch; was alle entdecken, bleibt einem Einzigen nicht leicht verborgen.

15 Dies widerfuhr, nachdem einige Monate verflossen waren, auch uns. Ach, welchen Schmerz bereitete diese Entdeckung dem Oheim! Wie groß war der Schmerz, der die Liebenden selbst durch die Trennung traf! Welche Schamröte überströmte mich! Mit welcher Verzweiflung peinigte mich die Pein des Mädchens! Welche Qualen, welche Trauer über meine Beschämung stand sie aus! Keiner jammerte über das, was ihm, sondern, was dem andern zugestoßen war. Jeder von uns beklagte nicht sein eigenes Missgeschick, sondern nur das des andern. Allein die körperliche Trennung war das stärkste Band unserer Seelen, und unsere Liebe wurde umso glühender, je mehr die Erfüllung ihr versagt war. Und das bereits durchgestandene Leiden an unserer Beschämung machte uns schamloser: Umso geringer wurde das Leiden an unserer Beschämung, je verlockender unser Tun erschien. Es geschah an uns dasselbe, was der Dichter von Mars und Venus erzählt, als sie beieinander überrascht wurden.[20]

16 Bald darauf fühlte Heloïse, dass sie empfangen hatte; in der höchsten Freude benachrichtigte sie mich davon und fragte mich um Rat, was nun zu tun sei. Nachdem wir vorher darüber eins geworden waren, entführte ich sie ihrem Oheim in einer Nacht, da er nicht zu Hause war. Unverzüglich geleitete ich sie in meine Heimat zu meiner Schwester, bei der sie verblieb, bis sie ein Knäblein gebar, dem sie den Namen Astralabius[21] gab. Der Oheim gebärdete sich bei seiner Heimkehr wie ein Rasender; welcher Schmerz in ihm loderte, welche Scham ihn peinigte, kann nur ermessen, wer es an sich selbst erfuhr. Er wusste nicht, was er mir antun, welche Rache er an mir nehmen sollte. Mich zu töten oder mir einen leiblichen Schaden zuzufügen – davon hielt ihn die Angst ab, seine viel geliebte Nichte möchte dies in meiner Heimat zu büßen haben. Auch konnte er sich nicht etwa meiner bemächtigen und mich mit Gewalt in irgendeinen Gewahrsam bringen. Denn gerade darin sah ich mich sehr vor; ich zweifelte nicht, dass er, wenn er es vermöchte oder wagte, ziemlich rasch zuschlagen würde. Zuletzt aber bekam ich selbst Mitleid mit dem maßlosen Kummer des Mannes, und wegen meiner Arglist, zu der mich Liebe getrieben hatte, klagte ich mich selbst gleichsam des Hochverrates an. So ging ich denn zu dem Menschen, bat ihn um Vergebung und bot ihm jede Entschädigung an, die er selbst festsetzen solle. Ich beteuerte ihm, dass niemand über meine Tat befremdet sein könne, der die Macht der Liebe erfahren und in Erinnerung behalten habe, wie abgrundtief von Anbeginn der Welt an selbst die größten Männer durch Frauen zu Fall gebracht worden seien. Um ihn völlig zu besänftigen, bot ich ihm eine Genugtuung an, die er nicht erwarten konnte: nämlich sie, die ich entehrt hatte, mit mir zu vermählen, solange dies nur insgeheim geschehen könne, damit ich an meinem Ruf keine Einbuße erleide. Es stimmte jener mit seinem und seiner Freunde Ehrenwort zu und besiegelte durch Küsse die Übereinkunft, um die ich nachsuchte – nur um mich desto sicherer zu verraten.

17 Ich kehrte nun in meine Heimat zurück und holte die Geliebte ab, um sie zu meiner Frau zu machen. Aber sie war keineswegs damit einverstanden und riet mir aus zwei Gründen dringend ab: nämlich wegen der Gefahr und wegen meines Ehrverlustes. Sie schwor, jener lasse sich durch keine Genugtuung über das, was geschehen sei, beruhigen. Es zeigte sich später, dass sie recht hatte. Sie fragte mich, welche Ehre sie an mir gewinnen könne, wenn sie mich ehrlos mache und sich und mich zugleich erniedrige. Welch Rechenschaft müsste die Welt von ihr fordern, wenn sie ihr ein solch leuchtendes Vorbild entzöge! Wie viel Verwünschungen würden diesem Ehebund folgen, welch Schaden der Kirche, wie viel Tränen der Philosophen! Wie erbärmlich, wie kläglich wäre es, wenn ein Mann wie ich, geschaffen für alle, sich einer einzigen Frau verschriebe und sich unter ein so schimpfliches Joch beugen wollte! Sie verwarf diese Ehe aufs Lebhafteste, da sie für mich in jeder Hinsicht anstößig und belastend sei. Sie hielt mir ferner die geringe Achtung meiner Person und die Unannehmlichkeiten der Ehe vor, zu deren Vermeidung der Apostel uns mahnt mit den Worten: «Bist du los vom Weib? So suche kein Weib! So du aber ein Weib annimmst, sündigst du nicht, und so eine Jungfrau heiratet, sündigt sie nicht; doch werden solche die Anfechtung des Fleisches haben; ich verschone aber euch gerne.» – Und noch einmal sagt er: «Ich wollte aber, dass ihr ohne Sorge wäret.»[22] – Und wenn ich weder den Rat des Apostels noch die Warnungen der heiligen Väter vor dem so gewaltigen Joch der Ehe annehmen solle, so möchte ich doch wenigstens auf die Philosophen hören und das, was in dieser Hinsicht entweder durch sie oder über sie geschrieben worden sei, beachten. Auch die Kirchenväter beziehen sich ja vielfach auf sie zu unserer Ermahnung. Als Beispiel dient ein bekanntes Wort des heiligen Hieronymus, der im ersten Kapitel seiner Schrift «Gegen Iovinianus»[23] von Theophrastus[24] erzählt, dass dieser die unerträglichen Beschwerden und beständigen Aufregungen der Ehe ausführlich und sorgfältig aufzeige und schließlich mit den überzeugendsten Gründen zu dem Schluss komme: Der Weise sollte überhaupt nicht heiraten. Die Gründe der philosophischen Mahnrede mit folgendem Schluss krönend, sagt Hieronymus selbst: «Welcher Christ muss sich nicht beschämt fühlen, wenn er einen Theophrastus so reden hört?» In derselben Schrift – fuhr sie fort – sagt Hieronymus: «Cicero wurde von Hirtius nach seiner Scheidung von Terentia[25] gebeten, er sollte dessen Schwester heiraten: Allein er lehnte dies entschieden ab, da er sich nicht zugleich einer Frau und der Philosophie widmen könne.» Er sagt nicht einfach «sich widmen», sondern fügt das Wort «zugleich» hinzu. Er wollte nichts tun, was seiner Leidenschaft für die Philosophie den Rang streitig machen könnte.

18 Um dieses Hindernis eines philosophischen Studiums einmal beiseitezulassen: Denk allein an den Zustand der ehrenhaften Lebensführung eines Konsuls[26]! Was für ein Zusammentreffen! Schüler und Dienerin, Schreibtisch und Wiege! Bücher und Hefte beim Spinnrocken, Schreibrohr und Griffel bei den Spindeln! Wer kann sich der Betrachtung der Schrift oder der Philosophie hingeben und dabei das Geschrei der kleinen Kinder, den Singsang der Amme, der sie beruhigen soll, die geräuschvolle Schar männlicher und weiblicher Dienstboten ertragen? Wer wird die beständige, widerliche Unreinlichkeit der Kinder aushalten können? Reiche Leute können das, wirst Du sagen, deren Paläste oder weitläufige Häuser Hinterzimmer haben, deren Überfluss Kosten nicht spürt und nicht von Alltagssorgen behelligt wird. Allein die Lage der Philosophen ist, sage ich, eine andere als die der Reichen, und wiederum: Wer nach irdischen Schätzen trachtet und in die Sorgen dieser Welt verwickelt ist, wird nicht frei sein für theologische oder philosophische Aufgaben.

19 Darum haben auch die großen Philosophen der alten Zeit die Welt am meisten verachtet, ihr Treiben nicht so sehr hinter sich gelassen als vielmehr geflohen und sich so alle Freuden versagt, um allein in den Armen der Weisheit Ruhe zu finden. Einer der größten von ihnen, Seneca, gibt dem Lucilius folgende Anweisung: «Nicht nur, wenn du freie Zeit hast, darfst du philosophieren: Alles müssen wir vernachlässigen, um uns ihr zu widmen, für die keine Zeit lang genug ist... Es macht keinen großen Unterschied, ob du die Philosophie aufgibst oder mit ihr aussetzt. Denn sie bleibt nicht da, wo sie unterbrochen wurde, stehen.»[27] Widerstehen muss man den Tagesgeschäften, sie nicht abwickeln, sondern fernhalten. Was noch jetzt unsere Mönche, wenigstens die diesen Namen wahrhaft verdienen, aus Liebe zu Gott tun, das taten in der alten Zeit aus Liebe zur Weisheit die edlen heidnischen Philosophen. Denn in jedem Volk, sei es heidnischen, jüdischen oder christlichen Glaubens, hat es von jeher Männer gegeben, die durch Zuverlässigkeit oder Sittenreinheit über den anderen standen und durch einen besonderen Grad von Enthaltsamkeit und Strenge vom Volk geschieden waren.

20 So gab es bei den Juden von alters her Nasiräer, die sich nach einer besonderen Gesetzesvorschrift Gott weihten;[28] da waren ferner die Söhne der Propheten, die Jünger des Elia und Elisa, die uns im Alten Testament nach dem Zeugnis des heiligen Hieronymus wie Mönche beschrieben werden. Etwas Ähnliches waren schließlich auch jene drei philosophischen Sekten, die Josephus[29] in seinen «Altertümern», Kapitel 18, aufzählt und teils Pharisäer, teils Sadduzäer, teils Essäer nennt. Bei uns sind die Mönche an ihre Stelle getreten, die entweder das gemeinsame Leben der Apostel nachahmen oder jenes frühere Einsiedlerleben des Johannes.[30] Die Heiden aber hatten dafür, wie gesagt, ihre Philosophen. Denn unter dem Namen «Weisheit» oder «Philosophie» verstanden sie weniger das Erfassen der Wissenschaft als eine gottesfürchtige Lebensführung; dies lehrt uns der Ursprung des

Wortes und außerdem auch das Zeugnis der heiligen Väter. So sagt der heilige Augustinus[31] im achten Kapitel seines Buches «Vom Gottesstaat», wo er die verschiedenen Philosophenschulen aufzählt, Folgendes:

> «Der Stifter der Italischen Schule ist Pythagoras von Samos[32]; man sagt, dass von ihm der Name ‹Philosophie› herrühre. Früher nämlich wurden Männer, die sich durch tadellose Lebensführung irgendwie über die andern zu erheben schienen, Weise genannt. Pythagoras dagegen sagte, als man ihn nach seinem Beruf fragte, er sei ein Philosoph, das heißt ein Jünger oder Liebhaber der Weisheit; sich einen Weisen zu nennen schien ihm äußerst anmaßend.»

21 Nun geht aus den Worten «die sich durch tadellose Lebensführung irgendwie über die andern zu erheben schienen» deutlich hervor, dass die heidnischen Weisen, das heißt die Philosophen, ihren Namen eher der Vortrefflichkeit ihres Lebenswandels als der ihres Wissens verdankten. Wie nüchtern und enthaltsam sie lebten, brauche ich aber nicht aus Beispielen zu erschließen, das hieße Eulen nach Athen tragen.

Wenn aber Laien, und dazu Heiden, durch kein religiöses Gelübde gebunden, so gelebt haben, was wirst dann Du zu tun haben, Du, ein Kleriker und Kanoniker, dass Du nicht dem Dienst an Gott schändliche Leidenschaften vorziehst, dass Dich nicht kopfüber jene Charybdis[33] verschlingt, dass Du nicht in dieser Unzucht schamlos und unwiderruflich versinkst? Wenn Dich die Rücksicht auf Deinen geistlichen Beruf nicht kümmert, so verteidige wenigstens die Würde der Philosophen. Ließest Du die Gottesfurcht außer Acht, so möge doch das Ehrgefühl Deine Schamlosigkeit zügeln. Denke an die Ehe des Sokrates, und mit welch schimpflichem Zwischenfall er den Verrat an der Philosophie büßen musste, damit die andern durch sein Beispiel vorsichtiger würden. Hieronymus übergeht auch das nicht im ersten Buch seiner Schrift «Gegen Iovinianus», wo er eben von Sokrates erzählt: «Xanthippe überschüttete ihn einmal vom Fenster aus mit einer endlosen Flut von Schimpfworten. Sokrates hielt stand, und als sie ihm auch noch schmutziges Wasser auf den Kopf goss, trocknete er ihn ab und sagte: ‹Ich wusste wohl, dass diesem Donnerwetter ein Regenguss folgen werde.›»

22 Heloïse fügte schließlich hinzu, wie gefährlich es für mich sei, sie zurückzuführen, und wie viel lieber es ihr sei und wie viel ehrenvoller für mich, wenn sie eher meine Geliebte als meine Gattin geheißen werde, sodass mich allein Zuneigung an sie bände, mich jedoch nicht der Zwang der ehelichen Fessel kettete. Und wir, zur rechten Zeit getrennt, genössen bei unserer Zusammenkunft umso willkommenere Freuden, je seltener sie wären.

Da sie nun dadurch, dass sie dies und Ähnliches riet oder abriet, meinen verblendeten Sinn nicht umzustimmen vermochte und mich doch auch nicht beleidigen wollte, brach sie heftig seufzend und weinend ihren Epilog mit den Worten ab: «Dies allein bleibt uns zu guter Letzt, dass in unser beider Verderben kein geringerer Schmerz nachfolgt, als Liebe vorherging.» Und auch darin – die ganze Welt weiß es – hatte ihr prophetischer Geist nur allzu richtig gesehen.

23 Wir ließen unser neugeborenes Kind in der Obhut meiner Schwester und kehrten heimlich nach Paris zurück. Dort wurden wir nach wenigen Tagen eines Morgens in aller Frühe durch den ehelichen Segen verbunden, nachdem wir eine ruhige Nacht in einer Kirche mit der Feier der Vigilien verbracht hatten.

Der Oheim Heloïses sowie einige Verwandte von meiner und ihrer Seite waren als Zeugen zugegen. Dann trennten wir uns heimlich – jeder ging seiner Wege, und von da an sahen wir uns nur noch selten und verstohlen, da wir möglichst geheim hielten, was wir getan hatten.

24 Heloïses Oheim jedoch und seine Angehörigen, die für den ihnen zugefügten Schimpf nach Genugtuung verlangten, fingen an, unser Ehebündnis bekannt zu machen, und brachen damit das Versprechen, das sie mir gegeben hatten. Heloïse ihrerseits schwor unter Verwünschungen, dass es erlogen sei, worüber jener heftig erbittert war und sie mit vielfachen Beleidigungen überhäufte. Als ich davon hörte, brachte ich sie in das Nonnenkloster Argenteuil bei Paris, in dem Heloïse einst als kleines Mädchen erzogen und gebildet worden war. Ich ließ sie auch die Gewandung anlegen, die das Klosterleben erfordert – mit Ausnahme des Schleiers. Als sie davon hörten, glaubten Fulbert und seine Verwandten, ich hätte sie jetzt erst recht hintergangen und Heloïse zur Nonne gemacht, um sie loszuwerden. Aufs Höchste entrüstet, verschworen sie sich gegen mich. Nachdem sie meinen Diener mit Geld bestochen hatten, nahmen sie eines Nachts, als ich ruhig in einer abgeschiedenen Kammer schlief, die grausamste und beschämendste Rache an mir, welche die Welt mit höchstem Entsetzen vernahm: Sie beraubten mich der Körperteile, mit denen ich begangen hatte, worüber sie klagten. Die Täter ergriffen bald die Flucht, zwei von ihnen, die man festnehmen konnte, wurden ihrer Augen und Genitalien beraubt. Einer davon war jener Diener, der stets in meiner Umgebung gewesen und durch seine Geldgier zum Verrat an mir verleitet worden war.

25 Als es Tag wurde, strömte die ganze Stadt vor meiner Wohnung zusammen, und in welchem Entsetzen die Menschen erstarrten, in welchem Jammer sie sich verzehrten, mit welchem Geschrei sie mich quälten, mit welcher Klage erschütterten, lässt sich schwer, ja unmöglich ausdrücken. Hauptsächlich die Kleriker und ganz besonders meine Schüler folterten mich durch ihre unerträglichen Lamentationen und ihr Wehgeschrei. Ihr Mitleid schmerzte mich tiefer als das Leiden an meiner Wunde, und ich fühlte mehr die Scham als die Verletzung, litt mehr an der Schmach als am Schmerz. Mir trat vor die Seele, in welchem Ruhm ich eben noch glänzte, wie leicht ein schändlicher Vorfall ihn niederwarf, ja ganz auslöschte. Wie gerecht war

Gottes Strafe, die mich an dem Teil meines Körpers schlug, mit dem ich gesündigt hatte! Wie gerecht war der Verrat dessen, den ich zuerst verraten hatte, wenn er mir nun Gleiches mit Gleichem vergalt! Mit wie hohem Lob werden meine Widersacher die offenbare Gerechtigkeit preisen! In welch untröstliche Betrübnis wird dieser Schlag meine Eltern und Freunde versetzen! Wie weit wird die Kunde von dieser seltenen Schmach die ganze Welt durchlaufen! Blieb mir überhaupt noch ein Ausweg? Wie konnte ich noch die Stirn haben, in der Öffentlichkeit zu erscheinen, da alles mit Fingern auf mich deuten, alles mit der Zunge über mich herziehen musste? Würde ich nicht allen ein ungeheuerliches Schauspiel bieten?

26 Nicht zum wenigsten ängstigte mich auch Folgendes: Nach den todbringenden Worten des Gesetzes sind Eunuchen vor Gott ein solcher Gräuel, dass Leute, deren Hoden abgeschnitten oder zerstoßen sind, als anrüchig und unrein den Tempel nicht betreten dürfen und dass sogar derartige Tiere nicht zum Opfer zugelassen werden. Im «Levitikus» heißt es: «Du sollst dem Herrn kein Zerstoßenes oder Zerriebenes oder Zerrissenes oder was verwundet ist opfern»[34] – und im 5. Buch Mose, Kapitel 23: «Es soll kein

Zerstoßener und Verschnittener in die Gemeinde des Herrn kommen.»

27 In dieser elenden Verzweiflung trieb mich weniger ein Verlangen nach Bekehrung – ich gestehe es offen – als die Verlegenheit meiner Scham in den bergenden Schutz der Klostermauern. Heloïse hatte schon vorher auf mein Geheiß bereitwillig den Schleier genommen und war ins Kloster gegangen. Und so trugen wir nun beide das geistliche Gewand: ich in der Abtei von Saint Denis, sie im Kloster von Argenteuil. Noch erinnere ich mich: Aus Mitleid mit ihrer Jugend versuchte man sie vom Joch der Klosterregel wie vor einer unerträglichen Strafe abzuschrecken. Vergebens – unter Tränen brach sie schluchzend in jene Klage der Cornelia aus:

«O herrlicher Gatte,
Besseren Ehbetts wert! So wuchtig durfte das Schicksal
Treffen ein solches Haupt? Ach musst' ich darum dich freien,
Dass dein Unstern ich würd'? – Doch nun empfange mein Opfer,
Freudig bring ich es dir – »[35]

Mit diesem Worte eilte sie vor den Altar, empfing aus der Hand des Bischofs den geweihten Schleier und legte vor dem ganzen Konvent das Klostergelübde ab.

28 Ich hatte mich kaum von meiner Verletzung erholt, als die Kleriker herbeiströmten und sowohl meinen Abt wie mich selbst fortgesetzt mit Bitten bestürmten: Ich solle mich dem Studium, das ich bisher aus Verlangen nach Geld oder Ruhm getrieben habe, jetzt aus Liebe zu Gott widmen. Ich solle bedenken, dass Gott das Talent, das er mir anvertraut, mit Zinsen von mir zurückverlangen müsse! Bisher habe ich mich fast nur mit Reichen abgegeben, jetzt solle ich mich nur um die Ausbildung der Armen bemühen. Ich möge erkennen, dass die Hand des Herrn mich vor allem deshalb geschlagen habe, damit ich desto unbehinderter, den Lockungen des Fleisches und dem unruhigen Treiben der Welt entrückt, für das Studium der Wissenschaft leben könne und nicht mehr die Weisheit dieser Welt, sondern die wahre Gottesweisheit lehre.

29 In dem Kloster, in das ich eingetreten war, herrschte zu jener Zeit ein überaus weltliches, sittenloses Leben. Je höher der Abt selbst seinem Range nach über den andern stand, desto schlimmer und berüchtigter war sein Lebenswandel. Da ich nun ihre unerträgliche Sittenlosigkeit teils im vertrauten Kreis, teils öffentlich mehrmals aufs Nachdrücklichste rügte, so machte ich mich ihnen allen überaus unbequem und verhasst. Über den täglichen Andrang meiner Schüler höchst erfreut, fanden sie dadurch Gelegenheit, sich meiner zu entledigen. Da nun jene mir unaufhörlich zusetzten und zudringlich bei mir anklopften, auch der Abt und die Brüder sich einmischten, zog ich mich in eine Einsiedelei zurück, um meine gewohnte Lehrtätigkeit wiederaufzunehmen. Hier strömte nun eine solche Menge von Schülern zusammen, dass weder der Raum für Quartiere noch das Land für Nahrungsmittel ausreichte.

30 Wie es meinem nunmehrigen Beruf entsprach, hielt ich hauptsächlich theologische Vorlesungen. Doch gab ich die Unterweisung in den weltlichen Wissenschaften deshalb nicht ganz auf; in ihnen war ich einst ziemlich bewandert gewesen, und um ihretwillen suchte man mich hauptsächlich auf; vielmehr fertigte ich aus ihnen gleichsam einen Haken, um mit ihm jene vom philosophischen Geruch geköderten Zuhörer ins Studium der wahren Philosophie zu locken, wie denn die «Kirchengeschichte» dasselbe Verfahren von Origenes berichtet, jenem größten aller christlichen Philosophen.[36] Da es nun aber ersichtlich wurde, dass Gott mir in der theologischen Lehre keine geringere Ausstrahlung als in der weltlichen verliehen hatte, vermehrte sich die Zahl meiner Zuhörer in beiden Fächern, während die anderen Schulen sich nachhaltig leerten. Dadurch erregte ich den heftigsten Neid und Hass der Lehrer gegen mich, die nun, wo sie konnten, mich herabsetzten und hauptsächlich immer wieder zwei Vorwürfe gegen mich erhoben, während ich fern war: dass es dem Beruf eines Mönchs zuwiderlaufe, sich vom Studium weltlicher Bücher in Beschlag nehmen zu lassen, und dass ich mir ein Lehramt in der Theologie ohne Lehrer angemaßt habe, sodass mir die Ausübung meiner Lehrtätigkeit ganz untersagt sei, wozu sie unermüdlich Bischöfe, Erzbischöfe, Äbte und sonstige einflussreiche Kirchenmänner aufwiegelten, wie auch immer sie nur konnten. Ich befasste mich nun zuerst damit, das Fundament unseres Glaubens selbst durch Analogien aus dem Bereich menschlicher Vernunft fasslich zu machen, und schrieb eine theologische Abhandlung «Über die göttliche Einheit und Dreiheit» für den Gebrauch meiner Schüler, die nach menschlichen und philosophischen Vernunftgründen verlangten und davon mehr solche forderten, die man verstehen und nicht nur solche, die man aussprechen könne. Sie sagten, überflüssig sei ein Vortrag bloßer Worte, denen der Verstand nicht folge; man könne doch nichts glauben, was man nicht vorher verstanden habe; es sei lächerlich, wenn einer etwas predigen wolle, was weder er selbst noch jene, die er belehre, mit dem Verstand fassen könnten; das seien «die blinden Blindenleiter», von denen der Herr spreche.[37] Als diese Abhandlung die meisten gesehen und gelesen hatten, begann sie allen gemeinsam außerordentlich zu gefallen, weil in ihr allen dazu gestellten Fragen gleichermaßen Genüge getan schien. Und gerade diese Fragen galten damals für ganz besonders schwierig; je größeres Gewicht man ihnen aber beilegte, desto höher wurde die Feinheit der Lösung geschätzt. Meine Neider jedoch waren heftig erbittert, und sie beriefen gegen mich ein Konzil, an ihrer Spitze meine beiden alten Widersacher, Alberich und Lotulf, die nach dem Tod unserer gemeinsamen Lehrer Wilhelm und Anselm danach trachteten, gleichsam allein zu herrschen und sogar ihnen als Erben nachzufolgen.

Alberich und Lotulf lehrten damals beide zu Reims, und sie brachten ihren Erzbischof Radulf durch allerhand Einflüsterungen so gegen mich auf, dass man unter Beiziehung des Bischofs von Praeneste, Kuno, der damals päpstlicher Legat in Frankreich war, eine dürftige Versammlung unter dem Namen eines Konzils in Soissons[38] abhielt und mich einlud, jenes Büchlein, das ich über die Dreieinigkeit verfasst hatte, dorthin mitzubringen. Und so geschah es.

31 Bevor ich noch dort ankam, hatten mich meine beiden Hauptwidersacher bei Klerus und Volk so angeschwärzt, dass das Volk mich mit meinen paar Begleitern noch am Tag unserer Ankunft beinahe gesteinigt hätte; es hieß, ich lehre in Wort und Schrift drei Götter – das hatte man ihnen eingeredet.

Sogleich nach meiner Ankunft in Soissons ging ich zum Legaten und übergab ihm mein Buch zur Prüfung und Beurteilung; zugleich erklärte ich mich bereit zur Berichtigung oder zum Widerruf, falls ich etwas geschrieben oder gesagt hätte, das mit dem allgemeinen Glauben im Widerspruch stehe. Der Legat jedoch schickte mich mit meinem Buch zum Erzbischof und zu meinen Gegnern; die Männer sollten über mich richten, die mich angeklagt hatten, und an mir sollte sich das Wort erfüllen: «Meine Feinde sind meine Richter»[39]!

Oftmals untersuchten und durchstöberten sie

das Buch, fanden aber nichts, das sie in der Versammlung gegen mich gewagt hätten vorzubringen, und verschoben darum die Verdammung des Buchs, nach der sie lechzten, bis auf den Schluss des Konzils. Ich meinerseits hielt an jedem Tag, ehe die Sitzungen abgehalten wurden, für alle öffentliche Vorträge über den allgemeinen Glauben, wie er in meinen Schriften zum Ausdruck kam, und mit großer Bewunderung empfahlen alle, die zuhörten, ebenso die Verständlichkeit meiner Worte wie meinen Scharfsinn weiter. Als sie das beobachteten, fingen das Volk und die Geistlichkeit aber an, zueinander zu sprechen: «Sehet, nun redet er frei und offen vor aller Welt,[40] und niemand widerspricht ihm! Das Konzil, das doch seinetwegen vor allem, wie wir hörten, versammelt war, eilt seinem Ende entgegen. Haben vielleicht die Richter eingesehen, dass sie selbst irren, nicht er?»

Infolgedessen empörten sich meine Gegner täglich mehr und mehr.

32 Eines Tags nun kam Alberich mit einigen seiner Schüler zu mir, um mir eine Schlinge zu legen. Nach einigen einleitenden höflichen Redensarten sagte er, eine Stelle, die er sich angemerkt habe in meinem Buch, habe ihn befremdet: nämlich, obwohl Gott Gott gezeugt habe und nur ein Gott sei, leugne ich doch, dass Gott sich selbst gezeugt habe. Unverzüglich antwortete ich ihm: «Ich bin bereit, hierüber Rechenschaft abzulegen, wenn Ihr wollt.» Darauf versetzte er: «In solchen Fragen lassen wir nicht menschliche Vernunft oder Euren Scharfsinn gelten, sondern einzig und allein die Worte einer Autorität.» – «Schlaget nur in meinem Buche nach», erwiderte ich, «und Ihr werdet eine solche Autorität finden.» – Das Buch war zur Hand; er hatte es selbst mitgebracht. Ich schlug die Stelle auf, die ich kannte und die er keineswegs bemerkt hatte, weil er nur nach solchen suchte, die mir schaden konnten. Und der Wille Gottes war es, dass mir rasch auffiel, was ich finden wollte. Es war ein Zitat aus dem ersten Buche von Augustins Werk «Über die Dreieinigkeit»: «Wer da glaubt, Gott habe die Macht, sich selbst zu erzeugen, irrt umso mehr, als nicht allein Gott so nicht ist, sondern überhaupt keine andere geistige oder leibliche Kreatur; es gibt überhaupt kein Wesen, welches sich selbst erzeugen könnte.»

Als dies seine anwesenden Schüler gehört hatten, wurden sie verlegen und erröteten. Er selbst sagte, um irgendwie sein Gesicht zu wahren: «Das muss man recht verstehen.» Ich erwiderte ihm, diese Ansicht sei nicht neu, allein für den Augenblick falle sie nicht ins Gewicht, da er ja nur nach Worten und nicht den Sinn gesucht habe. Falls er aber die Begründung ihres eigentlichen Sinnes wegen beachten wolle, so sei ich bereit, ihm aus seiner eigenen These nachzuweisen, dass er in die Ketzerei verfallen sei, nach der Gott-Vater sein eigener Sohn sei. Als er das zu hören bekam, wurde er geradezu rasend und verlegte sich auf Drohungen, indem er versicherte, dass weder meine eigenen Begründungen noch andere Autoritäten mir in diesem Fall etwas helfen sollten. – Und damit ging er.

33 Am letzten Tag des Konzils begannen noch vor der Sitzung jener Legat und der Erzbischof von Reims mit meinen Gegnern und einigen andern Personen lange darüber zu beraten, was über meine Person und mein Buch zu beschließen sei; denn um dieser Sache willen waren sie ja hauptsächlich einberufen worden. In meinen Worten oder in meiner Schrift, die vorlag, fand man nichts, was man gegen mich hätte vorbringen können. Einen Augenblick verstummten alle oder setzten mich schon weniger offen herab: Da ergriff Gottfried[41], Bischof von Chartres, durch den Ruf seiner Frömmigkeit und das Ansehen seines Stuhles den übrigen Bischöfen überlegen, das Wort und sprach: «Würdige Herren! Ihr alle, die ihr hier versammelt seid, wisst, dass die Lehre dieses Mannes, welcher Art sie auch sein mag, und sein Genie, welchem Gebiet immer er sich zugewandt hat, Schmeichler und Anhänger zahlreich gefunden und dadurch selbst den Ruhm seiner und unserer Lehrer erstickt haben, sodass man fast sagen könnte, die Reben seines Weinbergs hätten sich von Meer zu Meer ausgebreitet.[42]

Wolltet ihr nun, was ich nicht glauben kann, einen solchen Mann mit einem vorgefertigten Urteil belasten – wenn auch zu Recht –, so sollt ihr wissen, dass viele an euch Anstoß nehmen werden, und es würde nicht an zahlreichen Leuten fehlen, die ihn verteidigen wollten; zumal wir in der Schrift, die er vorgelegt hat, nichts sehen, was etwas von einer offenen Ketzerei an sich hätte. Nach dem Wort des Hieronymus – ‹Stets hat die Tüchtigkeit Neider öffentlich bei sich› – und dass ‹der Blitz die höchsten Gipfel trifft› – seht euch vor, seinen Namen durch ein gewaltsames Vorgehen noch mehr zu verbreiten, damit wir nicht uns eine größere Anklage aus Missgunst als ihm aus Gerechtigkeitssinn aufbürden. Denn ‹falsches Gerede› – sagt der eben genannte Lehrer – ‹erlischt schnell, und die Folgezeit richtet das Vorleben›.

Wenn ihr aber anordnet, nach kanonischem Recht gegen ihn zu verfahren, so möge seine Lehre oder sein Buch hier öffentlich vorgetragen werden, und ihm selbst soll gestattet sein, auf Fragen freimütig zu antworten, um dann – überführt oder geständig – für immer zu schweigen. Dies war schon die Meinung des seligen Nikodemus, als er, um den Herrn selbst freizubekommen, sagte: ‹Richtet unser Gesetz auch einen Menschen, ehe man ihn verhört und erkenne, was er tut?›»[43]

Als sie das hörten, lärmten meine Gegner sofort los und riefen aus: «Welcher Rat eines Weisen, gegen dessen Wortgewalt zu streiten, dessen Schlüssen oder Sophismen die ganze Welt nicht standhalten kann!» – Und doch – es war gewiss noch viel schwerer, mit Christus selbst zu streiten: Trotzdem hat Nikodemus dazu aufgefordert, ihn zu hören nach Maßgabe des Gesetzes.

34 Als nun der Bischof die Anwesenden nicht für das, was er vorgeschlagen hatte, gewinnen konnte, suchte er ihre Missgunst auf anderem Wege zu zügeln, indem er sagte, dass für die Erörterung einer so wichtigen Sache die wenigen, die anwesend waren, nicht genügend könnten und dass diese Angelegenheit einer umfassenden Prüfung bedürfe. Sein Rat gehe deshalb dahin, mein Abt solle mich in das Kloster Saint Denis zurückbringen, wo man mehr und gelehrtere Persönlichkeiten berufen und nach gründlicherer Prüfung, was in dieser Sache zu tun sei, entscheiden solle. Es stimmte der Legat diesem letzten Vorschlag zu und alle Übrigen. Bald erhob sich der Legat, um vor dem Beginn der Sitzung die Messe zu lesen, und ließ mir durch jenen Bischof förmliche Erlaubnis zur Rückkehr in mein Kloster übermitteln, wo ich dann erwarten solle, was verabredet worden war.

35 Nun aber fiel es meinen Gegnern ein, dass sie nichts erreicht hätten, wenn mein Prozess außerhalb ihrer Diözese geführt würde, wo sie dann ihre Macht überhaupt nicht ausüben könnten; da sie offenbar der Gerechtigkeit weniger vertrauten, redeten sie dem Erzbischof ein, dass es eine große Schande für sie wäre, diese Sache an eine andere Behörde zu verweisen, und dass es gefährlich sei, wenn ich so davonkäme. Sie liefen auch zum Legaten, stießen seine Entscheidung um und verleiteten ihn gegen seinen Willen dazu, dass er mein Buch ohne jede Untersuchung verdammte, es vor aller Augen verbrannte und über mich lebenslängliche Haft in einem auswärtigen Kloster verfügte. Sie sagten nämlich, zur Verurteilung meines Buches müsse schon dies genügen, dass ich mir angemaßt habe, es ohne die Genehmigung des Papstes oder der Kirche öffentlich vorzutragen, und dass ich es schon vielen zum Abschreiben überlassen habe; es könne nur dem christlichen Glauben dienen, wenn einmal durch ein Exempel an meiner Person einer ähnlichen Anmaßung vieler anderer vorgebeugt werde. Der Legat war wissenschaftlich nicht so gebildet, wie er hätte sein sollen, und folgte deshalb in der Hauptsache dem Rat des Erzbischofs, so wie der Erzbischof ihrem Rat gefolgt war.

36 Als der Bischof von Chartres das erfuhr, ließ er mir sofort von diesen Machenschaften berichten und ermahnte mich eindringlich, ich möge dies umso leichter ertragen, je mehr allen offenbar sei, wie gewaltsam sie handelten; und diese Gewalttat eines so offensichtlichen Neides werde jenen nur schaden, mir nur nützen: daran dürfe ich nicht zweifeln. Auch solle ich mich wegen der Klosterhaft nicht beunruhigen: Er wisse gewiss, dass der Legat, der es nur gezwungen tat, wenn er nach einigen Tagen von hier abgereist sei, mich uneingeschränkt freilassen werde. Und so hat, wie er nur konnte, mich im Weinen er selbst weinend getröstet.

37 Ich wurde vor das Konzil gerufen, und

ohne Untersuchung, ohne Prüfung zwang man mich, mein erwähntes Buch mit eigener Hand ins Feuer zu werfen. Und so ward es verbrannt. Doch damit es nicht so aussah, als ob man nichts zu sagen habe, murmelte einer meiner Widersacher leise, er habe in dem Buch den Satz gefunden, Gott-Vater allein sei allmächtig. Als er das vernahm, antwortete der Legat sehr erstaunt, dass jemand sich so irre, dürfe man ja nicht einmal einem Kinde zutrauen, da doch der gemeinsame Glaube festhalte und bekenne, dass alle drei Personen der Gottheit allmächtig seien. – Daraufhin zitierte ein gewisser Thierry, Vorsteher einer Schule, höhnisch den Satz des Athanasius[44]: «Und dennoch nicht drei allmächtig, sondern einer allmächtig.» Und als ihn sein Bischof zurechtweisen und wie einen Angeklagten zum Schweigen bringen wollte, als hätte er eine Majestätsbeleidigung ausgesprochen, hielt er tapfer stand und sprach wie ein zweiter Daniel, indem er seine Worte zitierte: «‹Seid ihr von Israel solche Narren, dass ihr einen Sohn Israels verdammt, ehe ihr die Sache erforschet und gewiss werdet? Kehret wieder um vors Gericht›[45] und richtet den Richter selbst. Denn der Richter, den ihr eingesetzt habt zur Unterweisung im Glauben und zur Beseitigung des Irrtums, der hat sich selbst gerichtet durch seinen eigenen Mund, da er andere richten sollte, während heute die göttliche Barmherzigkeit einen offenbar Unschuldigen – wie einst Susanna – von seinen falschen Anklägern befreit.»

38 Nun erhob sich der Erzbischof, und indem er die Worte, wie es erforderlich war, abänderte, bestätigte er den Satz des Legaten mit den Worten: «In der Tat, ehrwürdiger Herr, allmächtig der Vater, allmächtig der Sohn, allmächtig der Heilige Geist, und wer damit nicht übereinstimmt, ist offensichtlich ein Abweichler und nicht anzuhören. Doch vielleicht dürfte es sich empfehlen, dass dieser unser Bruder seinen Glauben vor allen bekenne, damit er, wie es jeweils erforderlich ist, gebilligt oder missbilligt und verbessert werde.» Als ich mich zum Bekenntnis und zur Darlegung meines Glaubens erhob, um das, was ich dachte, in eigenen Worten auszudrücken, da riefen meine Gegner mir zu, ich brauche nur das Athanasianische Glaubensbekenntnis[46] herzusagen, was jedes Kind ebenso gut hätte tun können. Und damit ich nicht etwa Unkenntnis als Entschuldigung vorschützen könnte, als wisse ich den Wortlaut nicht auswendig, ließ man mir den geschriebenen Text zum Vorlesen herbeitragen. Unter Seufzern, Schluchzern und

Tränen las ich, so gut ich konnte. Hierauf wurde ich wie ein überführter Verbrecher dem Abt von Saint-Médard übergeben, der auf dem Konzil anwesend war, und in dessen Kloster wie in mein Gefängnis abgeführt. Das Konzil selbst wurde sogleich aufgelöst.

39 Der Abt indessen und seine Mönche, die glaubten, dass ich nun weiterhin bei ihnen bleiben werde, nahmen mich mit höchster Freude auf; obwohl sie mich mit aller Liebe behandelten, bemühten sie sich vergeblich, mich zu trösten. O Gott, der du gerecht richtest! Mit wie viel Galle in meinem Herzen, wie viel Bitterkeit in meinem Sinn beschuldigte ich Wahnsinniger dich selbst, klagte ich Rasender dich an, indem ich unablässig jenen Seufzer des heiligen Antonius[47] wiederholte: «Guter Jesus, wo warst du?» Wie viel Schmerz in mir tobte, wie viel Schamröte mich überströmte, wie viel Verzweiflung mich erschütterte: Fühlen konnte ich es damals, darstellen kann ich es nicht. Was ich jetzt zu leiden hatte, verglich ich mit all dem, was mir an meinem Körper widerfahren war, und ich erachtete mich für den elendesten aller Menschen. Im Vergleich mit diesem Unrecht hielt ich jenen Verrat für geringfügig, und ich beklagte weniger den Schaden meines Leibes als den Verlust meines Ruhms, da ich zu jenem mit einer gewissen Schuld gekommen war, doch in diese so augenscheinliche Vergewaltigung mich lautere Absicht und Liebe zu unserem Glauben lockten, die mich zum Schreiben gedrängt hatten.

40 Zu wem auch die Kunde von diesem grausamen und unüberlegten Verfahren gegen mich gelangte, alle rügten es lebhaft; Einzelne, die teilgenommen hatten, wiesen die Schuld von sich und schoben sie auf andere; sogar meine Feinde leugneten, dass es auf ihren Rat geschehen sei, und der Legat bedauerte vor allen überschwänglich die Missgunst der Franzosen. Er sah sich bald aus Reue veranlasst, da er, für den Augenblick gezwungen, ihren Neid befriedigt hatte, mich nach einigen Tagen aus dem fremden Kloster führen und in mein eigenes zurückschicken zu lassen, wo ich fast alle schon von früher her, wie oben erwähnt, zu Feinden hatte, denn die Verkommenheit ihres Lebenswandels und ihr unverschämter Umgangston erregten bei mir tiefen Verdacht, sodass sie mich, wenn ich sie rügte, nur schwer ertrugen. Es vergingen nur wenige Monate, da bot das Schicksal ihnen Gelegenheit, mich zu verderben. Eines Tages begegnete mir nämlich beim Lesen zufällig ein Satz in Bedas[48] Auslegung der Apostelgeschichte, in dem er behauptete, dass Dionysius Areopagita nicht Bischof von Athen, sondern von Korinth gewesen sei. Dies schien denen sehr befremdlich, die in dem Schutzpatron ihres Klosters ebenjenen Dionysius Areopagita verehren, dessen Lebensgeschichte angibt, dass er Bischof von Athen gewesen sei. Als ich das herausgefunden hatte, zeigte ich einigen der umherstehenden Brüder halb im Scherz jenes Zeugnis des Beda, das gegen uns sprach. Sie aber erklärten höchst entrüstet den Beda für einen ganz verlogenen Schreiberling und beriefen sich auf ihren Abt Hilduin als auf einen zuverlässigeren Zeugen, der, um dies zu erforschen, Griechenland lange durchstreift und, da die Wahrheit der Sache anerkannt war, in einer Lebensgeschichte jenes Mannes, die er niederschrieb, diesen Zweifel vollkommen behoben habe.[49] Einer der Umstehenden drang mit der misslichen Frage in mich, wem ich in diesem Streit recht gebe, dem Beda oder dem Hilduin. Ich antwortete, das Zeugnis des Beda, dessen Schriften in der ganzen abendländischen Kirche in Ansehen stünden, scheine mir gewichtiger zu sein. Als die Mönche das vernahmen, begannen sie höchst aufgebracht zu schreien: Nun habe ich deutlich offenbart, dass ich von jeher unser Kloster angefeindet und dass ich nun besonders das ganze Land herabgesetzt hätte, indem ich es des Ruhmestitels beraube, dessen es sich vorzüglich rühme, da ich leugne, dass Dionysius Areopagita ihr Schutzpatron sei. Ich erwiderte, das leugne ich ja gar nicht, und überdies solle man sich nicht viel darum sorgen, ob ihr Schutzpatron wirklich der Areopagita gewesen sei oder ein Mann von anderer Herkunft, da er doch jedenfalls bei Gott eine solche Ehrenkrone erlangt habe. Sie aber liefen zum Abt und zeigten ihm an, was sie mir zur Last legten. Dieser hörte es gern und freute sich über die Gelegenheit, mich einmal demütigen zu können; denn da er ein sittenloseres Leben führte als alle Übrigen, so fürchtete er sich vor mir umso mehr. Vor versammeltem Konvent – auch die Brüder wurden gerufen – drohte er mir schwer und sagte, er wolle mich unverzüglich vor den König[50] schicken, damit er eine Strafe über mich verhänge, als hätte ich den Ruhm und die Ehre seines Königreichs angetastet. Inzwischen, bis er mich dem König vorführen wollte, ließ er mich streng beaufsichtigen. Vergebens erklärte ich mich bereit, eine Buße nach der Ordensregel auf mich zu nehmen, falls ich etwas verbrochen hätte. Da erschauerte ich tief vor der Schlechtigkeit dieser Menschen, und da ich schon lange ein so feindseliges Schicksal ertragen hatte, war ich völlig verzweifelt, als hätte sich die ganze Welt gegen mich verschworen. So entwich ich denn mit dem Einverständnis einiger Brüder, die Mitleid mit mir hatten, und unter Beihilfe einiger meiner Schüler heimlich bei Nacht und flüchtete in das angrenzende Gebiet des Grafen Theobald[51], wo ich früher in einer Einsiedelei gelebt hatte.

41 Der Graf selbst war mir nicht ganz unbekannt; auch hatte er an meinen Demütigungen, von denen er hörte, großen Anteil genommen. Ich hielt mich zunächst bei dem Schloss Provins auf, in einer Klause der Mönche von Troyes, deren Prior mir bereits vorher befreundet gewesen war und mich lieb gewonnen hatte. Dieser war über meine Ankunft sehr erfreut und sorgte für mich auf die liebenswürdigste Weise. Eines Tags geschah dies: Es kam mein Abt in geschäftlichen Angelegenheiten zum Grafen auf das Schloss. Als ich dies erfuhr, ging ich mit dem Prior ebenfalls zum Grafen und bat ihn, er möchte sich bei meinem Abt für mich verwenden, dass er mich losspreche und mir die Erlaubnis gebe, als Mönch zu leben, wo ich einen passenden Ort fände. Der Abt und seine Begleiter zogen die Sache in Erwägung und wollten dem Grafen noch am gleichen Tage antworten, bevor sie heimkehrten. Als sie nun ihre Erwägung anstellten, redeten sie sich ein, ich wolle in ein anderes Kloster eintreten, was eine unermessliche Schande für sie gewesen wäre. Denn als ein gewaltiges Ruhmesblatt rechneten sie sich an, dass ich mich gerade in ihr Kloster zurückgezogen hatte, als ob deswegen alle übrigen Klöster verachtet wären, und jetzt, sagten sie, drohe ihnen gewaltige Schmach, wenn ich sie verschmähte und zu anderen überliefe. Deshalb hörten sie weder mich noch den Grafen in dieser Sache an, sondern drohten mir gleich, mich zu exkommunizieren, falls ich nicht unverzüglich zurückkehre. Dem Prior aber, bei dem ich eine Zuflucht gefunden hatte, untersagten sie aufs Strengste, mich weiterhin bei sich zu behalten, falls er nicht ebenfalls der Exkommunikation verfallen wolle. Als wir das hörten, waren wir – der Prior ebenso wie ich – sehr beunruhigt. Da starb mein Abt, wenige Tage, nachdem er mit solchem Starrsinn zurückgekehrt war.

42 Als sein Nachfolger eingesetzt war, ging ich mit dem Bischof von Meaux zu ihm und ersuchte ihn, er möge mir gewähren, was ich schon von seinem Vorgänger erbeten habe. Als auch er zuerst nicht recht auf die Sache eingehen wollte, gewann ich durch Vermittlung einiger Freunde den König und seinen Rat dafür und erreichte so, was ich wollte. Der damalige Seneschall des Königs, Stephanus, nahm den Abt und dessen Vertraute beiseite und fragte sie, warum sie mich gegen meinen Willen zurückhalten wollten; sie könnten dadurch leicht in einen Skandal geraten und hätten jedenfalls wenig Nutzen davon, da meine Lebensweise und die ihrige nun einmal nicht zusammenpassen. Ich wusste aber, dass im königlichen Rat die Meinung dahin ging, dass, je weniger jenes Kloster die Regeln befolge, es umso mehr dem König ergeben sei und nützlich für weltliche Gewinne. Darum glaubte ich auch, die Zustimmung des Königs und seiner Räte erlangen zu können. Und wirklich, es glückte mir.

Damit aber unser Kloster den Ruhm, den es an mir hatte, nicht verlöre, gestanden sie mir zu, in eine einsame Gegend überzusiedeln, wohin ich wollte, wenn ich mich nur keinem Kloster unterordnete. Dies wurde in Gegenwart des Königs und seiner Räte von beiden Seiten gutgeheißen und bekräftigt. So begab ich mich in eine einsame Gegend im Gebiet von Troyes, die mir von früher bekannt war. Dort wurde mir von einigen Leuten ein Stück Land zur Verfügung gestellt, und mit Genehmigung des Bischofs erbaute ich dort nur aus Binsen und Stroh eine Kapelle im Namen der Heiligen Dreifaltigkeit. In dieser Einsamkeit mit einem befreundeten Kleriker lebend, konnte ich allen Ernstes dem Herrn das Lied singen: «Siehe, ich habe mich ferne weggemacht und bin in der Wüste geblieben.»[52]

43 Als das meine Schüler erfuhren, begannen sie von allen Seiten zusammenzulaufen und, nachdem sie ihre Städte und Burgen verlassen hatten, die Einsamkeit zu bevölkern, statt geräumiger Häuser sich enge Hütten zu bauen, statt raffinierter Speisen wilde Kräuter und Schwarzbrot zu genießen, statt weicher Betten sich ein Lager aus Binsen und Stroh herzurichten, statt der Tische Rasenbänke aufzustellen. Man hätte wirklich glauben können, sie wollten die alten Philosophen nachahmen, über die Hieronymus im zweiten Buch seiner Schrift «Gegen Iovinianus» mit folgenden Worten berichtet:

> «Durch unsere fünf Sinne dringen die Laster wie durch eine Art Fenster ins Herz ein. Die Hauptstadt und Festung der Vernunft kann nicht eingenommen werden, wenn das feindliche Heer nicht durch die Tore eindringt. Wenn jemand seine Lust hat an Zirkusspielen,

an Ringkämpfen, an Gauklergeschick, an der Figur der Frauen, am Glanz von Edelsteinen, Kleidern und dergleichen Dingen, dessen Seele hat ihre Freiheit durch die Fenster der Augen verloren, und es erfüllt sich das Wort des Propheten: ‹Der Tod ist hereingekommen durch unsere Fenster.› Wenn nun die Anfechtungen dieser Welt wie ein feindlicher Keil durch solche Tore in die Burg unsres Herzens eingedrungen sind – wo wird dann unsre Freiheit bleiben, wo unsre Tapferkeit, wo der Gedanke an Gott? Zumal das einmal geweckte Herz auch die vergangenen Freuden sich ausmalt, mit der Erinnerung an einstige Leidenschaften die Seele nötigt, mitzuleiden und gewissermaßen etwas, was sie nicht mehr verwirklichen kann, noch einmal durchzumachen. Von solchen Gründen geleitet, haben viele Philosophen die volksbelebten Städte und die städtischen Lustgärten verlassen, wo das bewässerte Land, das Laub der Bäume, das Zwitschern der Vögel, die kristallklare Quelle, der murmelnde Bach und viele andere Verlockungen auf Augen und Ohren wirken, damit durch Üppigkeit und Überfluss an Gütern die Kraft ihrer Seele nicht erschlaffe und ihre Keuschheit nicht befleckt werde. Und in der Tat: Unnütz ist es, häufig zu sehen, was dich berücken könnte, und dich der Versuchung all dessen auszusetzen, was du nachher nur schwer entbehren kannst.»

Auch die Schüler des Pythagoras wichen dem Treiben der Welt aus und wohnten in der Einsamkeit und in der Wüste. Selbst Plato, der ja reich war und dem Diogenes einmal sein Ruhebett mit schmutzigen Schuhen bearbeitete, selbst er wählte die Akademie, um für die Philosophie frei sein zu können, einen Ort, der fern von der Stadt war und nicht bloß abgelegen, sondern auch ungesund: Durch die beständige Besorgnis vor Krankheiten sollten die Anfechtungen der Begierde erstickt werden, und seine Schüler sollten an nichts anderem Genuss empfinden als an den Dingen, die sie lernten. Eine ähnliche Lebensweise sollen auch die Jünger des Propheten Elisa geführt haben.[53] Hieronymus stellt sie als die Mönche jener Zeit dar und schreibt über sie dem Mönch Rusticus[54] unter anderem Folgendes: «Die Prophetenschüler, von denen wir im Alten Testament wie von Mönchen lesen, bauten sich an den Fluten des Jordan kleine Hütten, verließen Menschenansammlungen und Städte und lebten von Graupen und Kräutern des Feldes.»

44 In dieser Weise bauten sich auch meine Schüler ihre Hütten am Ufer des Flusses Arduzon, und man sah in ihnen eher Einsiedler als Studenten. Je größer aber der Zustrom von Schülern wurde und ein je härteres Leben sie meinem Unterricht zuliebe auf sich nahmen, desto nachhaltiger wirke es sich – so vermuteten meine Neider – für mich ehrenvoll und für sie beschämend aus. Da sie alles, was sie nur konnten, gegen mich getan hatten, kränkte es sie, dass alles mir zum Guten ausschlug,[55] und obwohl ich nach dem Wort des Hieronymus mich fern von Städten, vom Markt, von Streitigkeiten und Aufläufen hielt – dennoch fand mich, wie Quintilian[56] sagt, selbst in der Verborgenheit der Neid. Seufzend und klagend sprachen jene zu sich selbst: «Siehe, die ganze Welt läuft ihm nach;[57] nichts haben wir ausgerichtet mit unseren Verfolgungen, ja, wir haben ihn nur noch berühmter gemacht. Auslöschen wollten wir die Leuchte seines Namens, und wir haben sie nur heller entfacht. In den Städten haben die Schüler alles Notwendige zur Hand, aber, auf alle Genüsse menschlicher Kultur verzichtend, strömen sie hinaus in die unwirtliche Einöde und werden freiwillig arm.»

45 Zu jener Zeit nötigte mich meine unerträg-

liche Armut, eine regelrechte Schule einzurichten; denn graben mochte ich nicht,[58] und ich schämte mich zu betteln. Anstelle der Handarbeit kehrte ich daher zu jener Kunst zurück, die ich verstand, und sah mich zu einer Vortragstätigkeit genötigt. Gern reichten mir meine Schüler dar, was ich an Nahrung und Kleidung brauchte, sie nahmen mir auch die Bestellung des Feldes und die Ausgaben für Gebäude ab, damit mich keine wirtschaftliche Sorge von der Wissenschaft abhalte. Da unsere Kapelle nur den kleinsten Teil der Anwesenden fassen konnte, so vergrößerten sie sie notgedrungen und bauten sie aus Stein und Holz noch besser aus. Ich hatte die Kapelle einst im Namen der Heiligen Dreifaltigkeit gegründet und sie ihr geweiht. Nun aber gab ich ihr den Namen «Paraklet»[59], in dankbarer Erinnerung an diese Wohltat: Hier hatte ich, ein schon verzweifelnder Flüchtling, durch die Gnade des göttlichen Trostes zuerst wieder aufatmen dürfen. Viele Leute, die davon hörten, vernahmen es nicht ohne erhebliche Verwunderung, ja einige griffen mich deshalb heftig an: Nach altem Herkommen könne man eine Kirche nicht dem Heiligen Geist im Besonderen weihen, so wenig als Gott dem Vater allein, sondern nur entweder dem Sohn allein oder der ganzen Dreieinigkeit zusammen. Zu diesem Angriff verleitete sie hauptsächlich der Irrtum, dass sie zwischen den Begriffen «Paraklet» und «Geist Paraklet» keinen Unterschied vermuteten. In Wirklichkeit kann ja der Trinität und jeder einzelnen Person der Trinität mit dem gleichen Recht, wie sie «Gott» oder «Helfer» genannt wird, auch der Name Paraklet, das heißt «Tröster», beigelegt werden – nach dem Wort des Apostels: «Gelobet sei Gott und der Vater unsres Herrn Jesu Christi, der Vater der Barmherzigkeit und Gott allen Trostes, der uns tröstet in aller unsrer Trübsal»[60] – und auch nach dem Wort, das die «Wahrheit»[61] spricht: «Und er soll euch einen andern Tröster geben.»[62] – Was hindert denn daran? Da doch jede Kirche im Namen des Vaters und des Sohnes und des Heiligen Geistes geweiht wird und keiner von ihnen an dem Besitz ungleichen Anteil hat – warum soll man denn nicht auch einmal ein Gotteshaus Gott dem Vater oder dem Heiligen Geist im Besonderen zueignen dürfen, so gut wie dem Sohne? Wer wollte sich erlauben, den Namen dessen, dem das Haus gehört, über dem Eingang zu tilgen? Oder wenn der Sohn sich dem Vater zum Opfer darbringt und demgemäß bei der Messe die Gebete an Gott den Vater besonders gerichtet werden und für ihn die Opferung der Hostie geschieht: Sollte da nicht der Altar ganz im Besonderen ihm zu eigen sein, dem doch Gebet wie Opfer gilt? Ist der Altar nicht mit größerem Recht dem zuzusprechen, welchem geopfert wird, als dem, der geopfert wird? Oder wollte jemand behaupten, dass dem Kreuz oder Grab des Erlösers oder dem heiligen Michael, Johannes, Petrus oder sonst einem Heiligen ein Altar zukomme, da sie weder geopfert werden, noch ihnen geopfert wird, noch auch Gebete an sie gerichtet werden? Auch bei den Götzendienern wurden nur denjenigen Wesen Altäre oder Tempel zugeeignet, denen man Opfer und Huldigung darbringen wollte. Aber vielleicht möchte jemand behaupten, man dürfe deshalb nicht Gott dem Vater Kirchen oder Altäre weihen, weil es kein Fest in der Kirche gebe, das zu seiner besonderen Feier eingesetzt wäre. Doch diese Begründung nimmt dies Recht der Trinität selbst, nimmt es aber nicht dem Heiligen Geist, denn der Heilige Geist hat seit seiner Herabkunft auch ein eigenes Fest, nämlich Pfingsten, so gut wie der Sohn seit seiner Herabkunft das Fest seiner Geburt hat. Denn wie einst der Sohn in die Welt gesandt wurde, so kam der Heilige Geist auf die Jünger und beansprucht dafür sein eigenes Fest. Ja, wenn wir das Zeugnis der Apostel und die Wirksamkeit des Heiligen Geistes genauer ins Auge fassen: Muss es uns nicht natürlicher erscheinen, ihm einen Tempel zu weihen als irgendeiner der andern göttlichen Personen? Denn keiner der drei Personen schreibt der Apostel ausdrücklich einen geistigen Tempel zu außer dem Heiligen Geist. Denn er spricht nicht von einem Tempel des Vaters oder des Sohnes, wohl aber von einem solchen des Heiligen Geistes, wenn er im ersten Korintherbrief sagt: «Wer dem Herrn anhängt, der ist ein Geist mit ihm», und ferner: «Oder wisset ihr nicht, dass euer Leib ein Tempel des Heiligen Geistes ist, der in euch ist, welchen ihr habt von Gott und seid nicht euer selbst.»[63] Und wer wollte verkennen, dass die Wohltat der heiligen Sakramente, welche in der Kirche wirken, ganz ausdrücklich der Wirkung der göttlichen Gnade, das heißt des Heiligen Geistes zugeschrieben wird? Aus Wasser und aus Geist werden wir ja in der Taufe wiedergeboren, und erst dadurch wird aus uns ein eigentlicher Tempel Gottes erbaut. Und zum vollständigen Ausbau dieses Tempels wird uns in siebenfacher Gnadengabe der Heilige Geist zuteil, und durch sie wird der Tempel Gottes geschmückt und geweiht. Was ist also daran erstaunlich, wenn wir dem einen sichtbaren Tempel weihen, welchem der Apostel einen geistigen zuteilt? Oder welcher Person der Dreieinigkeit könnte man mit größerem Recht eine Kirche zueignen als derjenigen, welcher alle Gnadenwirkungen, die man in der Kirche vermittelt, vor anderen zugeschrieben werden? – Dennoch schließe ich daraus nicht, dass ich, wenn ich meine Kapelle zuerst «Paraklet» genannt habe, damit eingestehe, sie nur einer göttlichen Person geweiht zu haben, sondern nur, es aus dem Grund, den ich oben angab, getan zu haben: nämlich zur Erinnerung an den Trost, den ich hier gefunden. Gleichwohl: Wenn ich es, wie man glaubt, in jenem Sinn getan hätte, wäre dies nicht gegen die Vernunft, sondern nur für das herkömmliche Verfahren unbekannt gewesen.

46 An diesem Ort verbarg sich zwar meine Person, aber mein Ruf durchlief gerade damals die ganze Welt und durchklang sie weithin wie jenes Fabelwesen, Echo genannt, das viel Stimme hat, aber wenig Substanz. Meine alten Feinde, da sie von sich aus zu wenig ausrichteten, erweckten nun zwei neue Apostel gegen mich, denen die Welt sehr viel zutraute. Der eine von ihnen rühmte sich, das Leben der regulierten Chorherren, der andere, das der Mönche wiedererweckt zu haben. Diese Menschen liefen predigend in der Welt herum, verketzerten mich so unverschämt, wie sie nur konnten, und machten mich, wenigstens für den Augenblick, bei weltlichen und geistlichen Obrigkeiten verächtlich. Ja, sie sprengten über meinen Glauben und über mein Leben so abenteuerliche Gerüchte aus, dass selbst meine besten Freunde sich von mir abwandten und auch diejenigen, welche mir ihre frühere Liebe noch bis auf einen gewissen Grad erhielten, doch aus Furcht vor jenen sie auf alle Weise verleugneten. Gott ist mein Zeuge: Sooft ich vernahm, dass eine Versammlung von Männern der Kirche zusammentrete, fürchtete ich schon, es geschehe zu meiner Verurteilung. Schreckensstarr wie vor dem Schlag eines herabfahrenden Blitzes wartete ich darauf, dass ich als Ketzer oder Heide vor ihre Versammlungen und Schulen geschleppt würde. Und in der Tat – um den Floh mit dem Löwen, die Ameise mit dem Elefanten zu vergleichen –, meine Feinde verfolgten mich mit derselben unbarmherzigen Wut wie die Ketzer einst den heiligen Athanasius. Ja oftmals – Gott weiß es – sank ich in solche Verzweiflung, dass ich plante, das Gebiet der Christenheit überhaupt zu verlassen und zu den Heiden überzulaufen, um bei den Feinden Christi in Ruhe christlich zu leben, unter welcher Bedingung es auch sei. Ich glaubte, sie würden umso eher geneigt sein, mich bei sich aufzunehmen, je weniger sie wegen der gegen mich erhobenen Anklage in mir einen Christen vermuten durften; vielleicht würden sie deswegen umso eher meinen, sie könnten mich zu ihrer Religion bekehren.

Während ich nun unausgesetzt von solchen Seelenängsten gequält wurde und mir als letztes Mittel nur noch dieser Plan übrig blieb, bei den Feinden Christi zu Christus zu flüchten, da ergriff ich eine Gelegenheit, mit der ich diesen Anschlägen ein wenig ausweichen zu können glaubte – und geriet in die Hände von Christen und dazu noch Mönchen, die bei Weitem unbändiger und schlechter waren als die Heiden.

47 In der Bretagne, im Bistum Vannes, lag ein Kloster des heiligen Gildas von Rhuys[64]. Dieses war durch den Tod seines Oberhirten verwaist, und die einstimmige Wahl der Mönche rief mich mit Genehmigung des Landesfürsten an diese Stelle und setzte dies auch bei meinem Abt und den Brüdern leicht durch. So trieb mich die Feindschaft der Franken nach dem Westen wie einst den Hieronymus die der Römer nach dem Osten. Denn niemals wäre ich, bei Gott, auf jenen Vorschlag eingegangen, wenn ich nicht gehofft hätte, so den unausgesetzten Demütigungen, die ich zu leiden hatte, einigermaßen auszuweichen. Das Land war mir fremd, die Landessprache mir unbekannt, die schändliche und zuchtlose Lebensweise der dortigen Mönche fast allen sattsam bekannt, die übrige Bevölkerung roh und unkultiviert. Wie einer, der vor dem drohenden Schwert sich erschrocken in den Abgrund stürzt und, um für den Augenblick den einen Tod hinauszuzögern, in den andern läuft, so habe ich mich aus einer Gefahr wissentlich in eine andere begeben. Dort, an des Ozeans donnernden Wogen, wo das Ende der Erde mir keine weitere Flucht gewährte, da wiederholte ich oft in meinen Gebeten jenes Wort: «Von den Enden der Erde habe ich zu dir geschrien, da meine Seele in Ängsten war.»[65] Ich glaube, es ist niemandem verborgen geblieben, mit welchem Kummer jene zuchtlose Herde von Mönchen, deren Leitung ich übernommen hatte, Tag und Nacht mein Herz quälte, wenn ich die Gefahren für Leib und Leben erwog. Es stand mir zweifellos fest, dass ich nicht leben könne, wenn ich sie zu dem kanonischen Leben, dem sie sich doch geweiht hatten, zu zwingen versuchen würde, andererseits war ich zu verdammen, wenn ich in dieser Hinsicht nicht alles tat, was ich konnte. Die Abtei selbst hatte ein in jenem Land unumschränkt mächtiger Tyrann – indem er aus den ungeordneten Verhältnissen des Klosters die Gelegenheit dazu erhielt – sich bereits so lange unterjocht, dass er sich die Nutznießung des gesamten Klostergebietes angeeignet hatte und von den Mönchen schwerere Abgaben eintrieb als selbst von den steuerpflichtigen Juden.

48 Die Mönche bedrängten mich fortwährend mit ihren täglichen Bedürfnissen, denn sie besaßen nichts gemeinschaftlich, wovon ich ihnen etwas hätte hergeben können, sondern es unterhielt jeder von seinem eigenen alten Geldbeutel sich und seine Konkubine mit Söhnen und Töchtern. Sie freuten sich, dass ich mich darüber bekümmerte, stahlen sogar selbst und trugen herbei, was sie konnten, damit ich in der Verwaltung versagte und so gezwungen wäre, entweder von der Disziplin abzurücken oder mich überhaupt zurückzuziehen. Da aber das ganze Land in seiner Barbarei ebenso gesetz- wie zügellos war, gab es keine Menschen, in deren Beistand ich hätte flüchten können: Dem Treiben aller stand ich gleich fremd gegenüber. Draußen waren es der Fürst und seine Gefolgschaft, die mich fortwährend bedrängten, drinnen wurde ich unaufhörlich von den Brüdern angefeindet, sodass das Geschehen selbst beweist, wie jenes Wort des Apostels auf mich besonders zutrifft: «Draußen Streit, drinnen Furcht.»[66] Ich betrachtete und betrauerte, ein wie nutzloses und elendes Leben ich führte, wie unfruchtbar ebenso für mich wie für andere ich lebe, und wie viel ich früher bei den Klerikern ausrichtete, und dass ich jetzt, nachdem ich sie wegen der Mönche verlassen hatte, weder an ihnen noch an den Mönchen irgendwelche Früchte erkenne, und wie erfolglos ich in all meinen Vorhaben und Versuchen sei, sodass man mir in allem mit vollem Recht vorwerfen müsste: «Dieser Mensch hob an zu bauen und kann es nicht hinausführen.»[67] Ich verzweifelte tief, wenn ich bedachte, was ich geflohen, und wenn ich erwog, in was ich mich gestürzt hatte. Meine früheren Missgeschicke achtete ich für nichts, und seufzend musste ich mir oftmals selbst sagen: «Ich leide nur, was ich verdient habe; den Parakleten, das ist der Tröster, habe ich verlassen und mich in die sichere Trostlosigkeit hineingedrängt; Drohungen suchte ich zu meiden und in offenbare Gefahren habe ich mich geflüchtet.» Am meisten aber schmerzte mich, dass ich in der verlassenen Kapelle für eine gottesdienstliche Feier nicht so sorgen konnte, wie es sich gehört hätte, da die Dürftigkeit jener Gegend kaum für die Bedürfnisse eines Menschen genügte. Allein der wahre Tröster selbst gab mir, dem zutiefst Trostlosen, den echten Trost und sorgte für sein eigenes Haus, wie es sich ziemte.

49 Es begab sich nämlich, dass der Abt von Saint Denis jenes Kloster Argenteuil, in dem Heloïse, jetzt viel mehr meine Schwester in Christo als meine Gattin, einst den Schleier genommen hatte, mit allen Mitteln unter dem Vorwand, dass es von alters her unter die Gerichtsbarkeit von Saint Denis gehört habe, an sich riss und mit Gewalt den ganzen Konvent der Nonnen, deren Äbtissin meine Freundin gewesen war, vertrieb. Während diese sich nun heimatlos in verschiedene Richtungen zerstreuten, erkannte ich, dass der Herr selbst mir hier eine Gelegenheit biete, für mein Oratorium zu sorgen. Ich kehrte nun dorthin zurück und lud Heloïse mit den wenigen Nonnen aus ihrer Kongregation, die noch an ihr hingen, nach dem Paraklet ein. Als ich sie dorthin geführt hatte, übereignete und schenkte ich ihnen das Oratorium mit allem, was dazugehörte. Und diese Schenkung hat, dank der Zustimmung und Verwendung des Landesbischofs, Papst Innozenz II.[68] ihnen und ihren Nachfolgerinnen durch ein Privilegium für alle Zeiten bestätigt. Sie, die dort anfangs gewiss ein dürftiges Leben fristeten und zeitweilig überhaupt verzweifelten, hat die Rücksicht der göttlichen Barmherzigkeit, der sie fromm dienten, binnen Kurzem getröstet; auch ihnen zeigte er sich als der wahre Paraklet und stimmte die benachbarte Bevölkerung barmherzig und gnädig. Und nach einem Jahr – Gott mag es bezeugen – waren sie an irdischem Besitz reicher, als ich es geworden wäre, wenn ich hundert Jahre dort gelebt hätte. Denn eben weil das weibliche Geschlecht das schwächere ist, umso mitleiderregender weckt seine Hilfsbedürftigkeit das menschliche Mitgefühl, und die Tugend der Frauen ist vor Gott und Menschen umso angenehmer. Gott aber verlieh unserer geliebten Schwester, die den anderen vorstand, in aller Augen so viel Gnade, dass die Bischöfe sie wie eine Tochter, die Äbte wie eine Schwester, die Laien wie eine Mutter liebten, und alles bewunderte gleicherweise ihre Frömmigkeit, Klugheit und in allen Lagen unvergleichliche Sanftmut und Geduld. Je seltener sie sich sehen ließ, um hinter verschlossener Tür ungestört bei Gebet und frommer Betrachtung zu leben, umso brennender verlangten Leute, die in der Welt lebten, nach ihrer Gegenwart und den Mahnungen der geistlichen Aussprache.

50 Die Nachbarn des Klosters beschuldigten mich lebhaft, dass ich für die Bedürfnisse der Nonnen nicht in dem Grade sorge, wie ich könnte und müsste, da ich doch mit meiner Predigt leicht dazu fähig wäre; daher besuchte ich sie öfter, um ihnen so viel wie möglich behilflich zu sein. Allein auch so entging ich nicht missgünstigem Gerede, und das, was die reine Liebe mich zu tun drängte, klagte die gewohnte Schlechtigkeit meiner Neider in schamlosester Weise an: Ich sei eben noch immer vom Bann sinnlichen Verlangens erfasst und könne den Verlust der einstigen Geliebten schwer oder überhaupt nicht verschmerzen. Oft erwog ich da jene Klage des heiligen Hieronymus bei mir, die er in dem Brief an Asella[69] über falsche Freunde erhebt: «Nichts wirft man mir vor als mein Geschlecht, und auch das würde man mir niemals vorwerfen, wenn nicht Paula mit mir nach Jerusalem aufbräche.» Ferner sagte er: «Ehe ich das Haus der frommen Paula kannte, erschollen einhellig Lobsprüche über mich in der ganzen Stadt; ja, ich wurde nach dem Urteil aller des höchsten Priesteramtes für würdig befunden. Aber ich weiß durch gutes und schlechtes Gerede durchzudringen zum Himmelreich.» Indem ich mir die Ungerechtigkeit – so behaupte ich – der Verleumdung gegen einen solchen Mann ins Gedächtnis rief, schöpfte ich daraus einen nicht geringen Trost. Ich sagte mir: «Mit was für einer Verleumdung würden sie mich demütigen, wenn meine Feinde einen derartigen Verdachtsgrund bei mir ausfindig machen könnten!» Nun aber, da die göttliche Barmherzigkeit mich von solchem Verdacht befreit hat und mir die Fähigkeit, diese unsittliche Handlung zu begehen, geradezu genommen ist, wie bleibt da noch ein Verdacht zurück? Was sollte diese neueste freche Beschuldigung? Dieser Zustand beseitigt ja doch sonst bei allen jeglichen Verdacht auf diese unsittliche Handlung so gründlich, dass, wer Frauen sorgfältiger beaufsichtigen will, Eunuchen zu diesem Zweck anstellt; so berichtet die heilige Geschichte von Esther und von den anderen Frauen des Ahasverus.[70] Wir lesen auch von jenem vornehmen Eunuchen der Königin von Kandake,[71] dass er all ihre Schätze verwaltet habe; zu seiner Bekehrung und Taufe ist der Apostel Philippus vom Engel des Herrn angewiesen worden.

51 Solche Männer waren von jeher bei keuschen und ehrbaren Frauen, je höheres Ansehen und Vertrauen sie erlangten, umso weiter diesem Verdacht entrückt. Um diesen Verdacht gänzlich zu beseitigen, habe Origenes, der größte aller christlichen Philosophen, wie die «Kirchengeschichte» im sechsten Buch erzählt, selbst Hand an sich gelegt, da er sich auch dem theologischen Unterricht von Frauen widmete. Dennoch glaubte ich, dass die göttliche Barmherzigkeit mir gnädiger war als ihm: Was jener, wie man meint, allzu übereilt getan und sich damit in ein nicht geringes Verbrechen gestürzt hatte, das tat fremde Schuld an mir, um mich für ein ähnliches Werk freizumachen, und umso geringer war meine Pein, je kürzer und überraschender sie war; wurde ich doch im Schlaf überfallen, sodass ich fast nichts von einer Pein empfand, als man Hand an mich legte.

Aber wenn ich damals weniger an meiner Wunde zu ertragen hatte, so leide ich jetzt umso mehr unter der Verleumdung, und der Verlust meines Ruhmes quält mich mehr als der Schaden an meinem Körper. Denn so steht geschrieben: «Ein guter Name ist besser als große Schätze.»[72] – und der heilige Augustinus sagt in einer Predigt «Über Leben und Sitten der

Geistlichen»: «Wer im Vertrauen auf sein Gewissen seinen Ruf vernachlässigt, der ist grausam.» Und weiter oben: «Wir wollen nicht nur vor Gott, sondern auch vor den Menschen gute Maßregeln vorsehen. Unseretwegen genügt unser Gewissen; aber euretwegen darf unser guter Name nicht befleckt werden, sondern muss fleckenlos bleiben. Gewissen und Ruf sind zweierlei: Das Gewissen ist für dich, der Ruf für deinen Nächsten.»

52 Was aber würde der Neid dieser Leute selbst Christus oder seinen Anhängern, den Propheten und Aposteln oder sonst den heiligen Vätern vorwerfen, wenn er in jener Zeit aufgelebt wäre? Besonders wenn sie gesehen hätten, wie diese Männer bei unversehrtem Körper gerade mit Frauen im vertrautesten Umgang verbunden waren.

Auch der heilige Augustinus zeigt in seinem Buch «Vom Werk der Mönche», wie eben die Frauen als unzertrennliche Begleiterinnen unserem Herrn Jesus Christus und den Aposteln so anhingen, dass sie mit ihnen sogar zur Predigt auftraten.

«Zu dem Zweck nämlich»,

sagt er,

«gingen auch gläubige Frauen, die irdisches Hab und Gut besaßen, mit ihnen und gaben ihnen von ihrem Hab und Gut, damit sie nichts von dem entbehrten, was zum Hab und Gut dieses Lebens gehört. Wer nicht glaubt, die Apostel hätten geschehen lassen, dass mit ihnen Frauen von heiligem Lebenswandel umherwanderten, wo immer sie das Evangelium predigten, der soll das Evangelium hören und erkennen, wie sie dies nach dem Beispiel des Herrn selbst taten. Es steht nämlich im Evangelium zu lesen: ‹Und es begab sich danach, dass er reiste durch die Städte und Märkte und predigte und verkündigte das Evangelium vom Reich Gottes und die Zwölfe mit ihm. Dazu etliche Weiber, die er gesund hatte gemacht von den bösen Geistern und Krankheiten, nämlich Maria, die da Magdalena heißt, von welcher waren sieben Teufel ausgefahren, und Johanna, das Weib Chusas, des Pflegers Herodis, und Susanna und viel andere, die ihnen Handreichung taten von ihrer Habe.›[73]»

Auch Leo IX. erwidert auf den Brief des Parmenianus «Über das Klosterleben»[74]:

> Wir erklären, dass kein Bischof, Presbyter, Diakon oder Subdiakon unter dem Vorwand der Religion sich der Fürsorge für seine Ehefrau entziehen darf; und zwar verstehen wir dies so, dass er sie mit Nahrung und Kleidung versorgen, nicht aber leiblich mit ihr verkehren soll. So haben es auch, wie wir lesen, die heiligen Apostel gehalten, wie denn Paulus sagt: «Haben wir nicht auch Macht, eine Schwester als Weib mit umherzuführen, wie die Brüder des Herrn und Kephas?»[75] Sieh doch, du Tor, dass er nicht gesagt hat: Haben wir nicht auch Macht, eine Schwester als Eheweib zu umarmen? Vielmehr heißt es, «sie mit herumzuführen». Sie sollten also diese Frauen von dem Ertrag ihrer Predigt unterhalten, ohne dass auch ein leibliches Eheband zwischen ihnen sei.

53 Jener Pharisäer, der von dem Herrn im stillen sagte: «Wenn dieser ein Prophet wäre, so wüsste er, wer und welch ein Weib das ist, die ihn anrührt, denn sie ist eine Sünderin»[76] – dieser Pharisäer konnte nach menschlichem Urteil jedenfalls über den Herrn den noch viel eher naheliegenden Verdacht auf ein unsittliches Verhalten fassen als meine Gegner mir gegenüber. Oder wer die Mutter des Herrn sah, die dem Jüngling anvertraut war,[77] und die Propheten, die so vielfach bei Witwen zu Gaste waren und mit ihnen verkehrten,[78] könnte ja einen noch viel eher einleuchtenden Argwohn schöpfen. Ja, was hätten meine Neider erst gesagt, wenn sie jenen gefangenen Mönch Malchus, von dem der heilige Hieronymus erzählt, mit seinem Weib unter einem Dach hätten leben sehen? Was für einem Verbrechen würden sie das zuschreiben, was jener hervorragende Lehrer, als er es gesehen hatte, nachdrücklich empfahl. Er sagt: «Es war da ein hochbetagter Mann namens Malchus, in der dortigen Gegend selbst geboren. Eine alte Frau teilte mit ihm seine Wohnung. Beide waren voll religiösen Eifers und wichen nicht von der Schwelle der Kirche; man hätte sie für Zacharias und Elisabeth im Evangelium halten können,[79] nur dass ein Johannes fehlte.»[80] Warum, frage ich, verleumden sie nicht auch die heiligen Väter, von denen wir so häufig lesen und sie geradezu vor uns sehen, wie sie Frauenklöster einrichten und ihnen dienen – nach dem Beispiel jener sieben ersten Diakonen,[81] die die

Apostel an ihrer statt für die Mahlzeiten und die Versorgung der Frauen einsetzten. Das schwächere Geschlecht ist auf die Hilfe des stärkeren angewiesen. Darum verordnet auch der Apostel, dass der Mann stets des Weibes Haupt sein solle;[82] deshalb sollen die Frauen ihr Haupt verhüllt tragen.[83]

54 Darum bin ich auch nicht wenig erstaunt, dass in den Klöstern folgende Bräuche längst verwurzelt sind, dass man jetzt Äbtissinnen über die Nonnen setzt, wie man für die Mönche Äbte hat, und dass beide, Nonnen wie Mönche, sich auf das Bekenntnis zu ein und derselben Regel verpflichten, während diese doch manches enthält, was von Frauen niemals eingehalten werden kann, von den Vorgesetzten so wenig wie von den Untergebenen. An den meisten Orten beobachten wir sogar, dass das natürliche Verhältnis sich umgekehrt hat und Äbtissinnen und Nonnen über die Kleriker herrschen, und die wiederum über das Volk. Je unumschränkter es ihnen gelingt, den Männern zu gebieten, umso leichter können sie sie zu schlimmen Gelüsten verlocken und sie unter einem drückenden Joch halten. Darum sagt auch ein satirischer Dichter, der es betrachtet: «Nichts ist unerträglicher als eine mächtige Frau.»[84]

55 Da ich dies oft bei mir durchdachte, hatte ich mir schließlich vorgenommen, für die Schwestern im Paraklet nach Möglichkeit zu sorgen und mich ihrer anzunehmen; und damit sie mich umso mehr schätzten und ehrten, wollte ich auch manchmal in eigener Person zu ihnen kommen und ihnen zusprechen, kurz, alles tun, was sie brauchten. Gerade damals entmutigte mich die Verfolgung meiner eigenen Söhne häufiger und heftiger als in früheren Zeiten die meiner Brüder; und so flüchtete ich mich aus der Drangsal dieses Sturms zu den Schwestern wie in einen stillen Hafen, um dort ein wenig Atem zu schöpfen, da ich an den Mönchen überhaupt keinen, an ihnen zumindest einigen Ertrag erzielte. Und je notwendiger dies für sie war, weil sie eben schwächer waren, desto segensreicher sollte es für mich selbst werden. Aber der Satan hat mich damals gehindert, einen Ort zu finden, wo ich ausruhen oder auch nur leben könnte; der Fluch des Kain lastete auf mir: unstet und flüchtig umherzuirren von Ort zu Ort.[85] Ich bin der Mann, den – wie ich schon sagte – «draußen Streit, drinnen Furcht» unablässig quälen, ja, vielmehr beides zugleich innen und außen, Streit und Furcht.

56 Und die Verfolgung meiner Söhne wütete

viel gefährlicher und viel häufiger gegen mich als die meiner Feinde. Denn sie habe ich immer leibhaftig um mich, und ständig muss ich mich ihrer Anschläge erwehren. Die Gewalttätigkeit meiner Feinde – eine Gefahr für Leib und Leben – sehe ich schon, wenn ich aus meinem Kloster heraustrete; im Kloster aber ertrage ich unablässig die gewalttätigen wie heimtückischen Angriffe meiner Söhne, das heißt der Mönche, die mir als Abt, das heißt Vater, anvertraut sind. O wie oft wollten sie mich durch Gift beseitigen, wie es auch dem heiligen Benedikt[86] widerfahren ist. Derselbe Grund, aus dem jener seine verworfenen Söhne verließ, könnte auch mich dazu treiben. Sonst ist ganz offensichtlich, dass ich mich einer sicheren Gefahr aussetzen würde und vielmehr ein Versucher als ein Verehrer Gottes wäre, ja sogar ein Selbstmörder.

57 Da ich vor derartigen täglichen Nachstellungen ihrerseits während der Bedienung mit Speise und Trank, soweit ich konnte, auf der Hut war, so suchten sie mich sogar während des Hochamts am Altar zu vergiften, indem sie mir Gift in den Kelch mischten. Als ich eines Tages nach Nantes ging, um den Grafen während seiner Krankheit zu besuchen, und bei einem meiner leiblichen Brüder zu Gaste war, da versuch-

ten sie, mich durch einen Diener aus meinem eigenen Gefolge vergiften zu lassen, denn offenbar meinten sie, vor einem solchen Anschlag sei ich weniger auf der Hut. Durch göttliche Fügung aber geschah es, dass ich von der Speise, die man mir vorsetzte, nichts anrührte, während ein Klosterbruder, den ich mitgenommen hatte, aus Unkenntnis davon aß und auf der Stelle tot niederfiel, worauf jener Diener, der dies gewagt hatte, durch sein Gewissen und durch den Tatsachenbeweis erschreckt, die Flucht ergriff. Da sich die Ruchlosigkeit meiner Mönche allen offenbarte, begann ich von jetzt an ganz offen, ihre Fallen zu vermeiden, so gut ich konnte: Ich entfernte mich aus der Abtei und hielt mich mit wenigen Getreuen in kleinen Zellen auf. Hatten jene erfahren, dass ich irgendwohin gehen müsse, so stellten sie gedungene Mörder auf Wege und Stege, um mich zu töten.

Während ich in solchen Gefahren schwebte, traf mich auch noch die Hand des Herrn: Als ich eines Tages zufällig vom Pferd stürzte, brach sie mir einen Halswirbel, und dieser Bruch beugte und schwächte mich weit mehr als meine einstige Verletzung.

58 Von Zeit zu Zeit versuchte ich die unbändige Zuchtlosigkeit der Mönche durch die Exkommunikation zu zügeln, und einige von ihnen, die ich am meisten zu fürchten hatte, brachte ich dazu, dass sie mir durch einen feierlichen Eid vor Zeugen schworen, die Abtei für immer zu räumen und mich in keiner Weise mehr zu beunruhigen. Allein sie brachen ganz offen und in frechster Weise Wort und Eidschwur, und erst als Papst Innozenz deswegen einen besonderen Legaten mit einer Vollmacht entsandte, brachte man sie dazu, dass sie in Gegenwart des Grafen und der Bischöfe dasselbe noch einmal schworen und vieles andere. Aber trotz alledem gaben sie noch immer keine Ruhe. Erst vor Kurzem noch, als diese Menschen, die ich erwähnte, vertrieben waren und ich in die Klostergemeinschaft zurückkehrte, um mich den Brüdern anzuvertrauen, die ich weniger verdächtigte, fand ich die Zurückgebliebenen noch schlimmer vor als die anderen. Sie wollten mir allerdings nicht mit Gift, sondern mit dem Schwert ans Leben, und ich bin ihnen unter dem Schutz eines adligen Herrn nur mit Müh und Not entronnen. Und selbst jetzt noch schwebt diese Gefahr über mir, und Tag für Tag sehe ich das Schwert über meinem Nacken hängen, sodass ich kaum bei den Mahlzeiten aufatme, ganz wie man über jenen Mann lesen kann, der die Macht und die zusammengerafften Schätze des Tyrannen Dionysius für das höchste Glück hielt und durch den Anblick eines Schwertes, das an einem kaum sichtbaren Faden über ihm hing, darüber belehrt wurde, welche Art von Glück irdischer Macht auf dem Fuße folgt. Dies erfahre ich auch jetzt noch unablässig an mir selbst, der ich, vom armen Mönch zum Abt befördert, umso unglücklicher wurde, je reicher ich war, und so möge auch mein Beispiel den Ehrgeiz derer zügeln, die aus eigenem Antrieb danach streben.

59 Geliebter Bruder in Christo und aus lange währendem Umgang vertrauter Freund! Was ich Dir bis hierher geschrieben habe von der Geschichte meiner Niederlagen, mit denen ich von der Wiege an ohne Aufhören zu kämpfen habe, möge genügen für Deine Trostlosigkeit und das Dir angetane Unrecht, damit, wie ich gleich am Anfang meines Briefes vorausschickte, Du urteilst, dass Deine Bedrängnis im Vergleich zu der meinen überhaupt nichts oder doch erträglich sei. Je geringer Du sie einschätzt, desto geduldiger magst Du sie tragen und Dir immer jenes Wort zum Trost vorhalten, das Christus den Seinen von den Anhängern des Satans vorausgesagt hat: «Haben sie mich verfolgt, so werden sie euch auch verfolgen. So die

Welt euch hasst, so wisset, dass sie mich vor euch gehasst hat. Wäret ihr von der Welt, so hätte die Welt das Ihre lieb.»[87] An einer andern Stelle sagt der Apostel: «Alle, die gottselig leben wollen in Christo, werden Verfolgung leiden.»[88] Und ferner: «Gedenke ich Menschen zu gefallen? Wenn ich den Menschen noch gefällig wäre, so wäre ich Christi Knecht nicht.»[89] Und der Psalmist sagt: «Die den Menschen gefallen, sind zuschanden geworden, weil Gott sie verworfen hat.» Weil er dies aufmerksam beachtet, schreibt auch der heilige Hieronymus, als dessen Erben in den Verleumdungen der Ehrabschneider ich mich in besonderem Maße betrachte, in seinem «Brief an Nepotianus»[90]: «Der Apostel schreibt: ‹Wenn ich den Menschen noch gefällig wäre, so wäre ich Christi Knecht nicht› – er hat aufgehört, den Menschen zu gefallen, und ist ein Knecht Christi geworden.» Derselbe Kirchenlehrer schreibt an Asella in der Schrift über falsche Freunde: «Ich danke meinem Gott, dass ich würdig bin, von der Welt gehasst zu werden.» Und an den Mönch Heliodorus[91]: «Du irrst, mein Bruder, du irrst, wenn du glaubst, dass ein Christ jemals der Verfolgung entgehen werde. Unser Widersacher schleicht umher wie ein brüllender Löwe und sucht, wen er verschlinge, und du glaubst an Frieden? Der Feind lauert im Hinterhalt mit den Mächtigen dieser Welt.»

60 Durch diese Zeugnisse und Beispiele ermutigt, wollen wir dies alles umso unbesorgter ertragen, je unverdienter es uns zustößt. Wenn schon nicht zum Verdienst, so trägt es doch zu einer gewissen Läuterung bei: Daran wollen wir nicht zweifeln. Und weil doch alles nach Gottes Fügung sich vollzieht, so kann sich jeder Gläubige in aller Not wenigstens damit trösten, dass Gottes Güte nichts ungeordnet geschehen lässt und dass er selbst alles, was verkehrt ist, zum besten Ende führt. Darum ist es gut, in allen Lagen zu sagen: «Dein Wille geschehe.»

Welch kräftiger Trost für die, die Gott lieben, entstammt dem Zeugnis des Apostels: «Wir wissen, dass denen, die Gott lieben, alle Dinge zum Besten dienen.»[92] Dies bemerkte auch der Weiseste der Weisen, wenn er im «Buch der Sprüche» sagt: «Es wird dem Gerechten kein Leid geschehen, was ihm auch widerfahre.»[93] Damit zeigt er deutlich, dass diejenigen von der Gerechtigkeit abweichen, die sich wegen irgendeiner Prüfung dagegen empören, was – woran sie nicht zweifeln können – durch Gottes Fügung an ihnen geschieht. Solche Menschen unterwerfen sich ihrem eigenen statt Gottes Willen; ihnen tönt wohl das Wort im Munde: «Dein Wille geschehe», aber die verborgenen Wünsche widerstreiten ihm, da sie ihren eigenen Willen über den Willen Gottes setzen. – Lebe wohl!

ZWEITER BRIEF
Heloïse an Abaelard

Ihrem Herrn, ja vielmehr Vater; ihrem Gatten, vielmehr Bruder – seine Magd, nein, seine Tochter; seine Gattin, nein, seine Schwester; ihrem Abaelard – Heloïse

1 Den Brief, den Ihr einem Freund zum Trost geschickt, innig geliebter Mann, hat man vor Kurzem durch einen Zufall mir überbracht. Da ich ihn schon nach dem Briefkopf als Euren betrachtete, begann ich ihn umso leidenschaftlicher zu lesen, je lieber ich den Verfasser selbst umarmen möchte, damit mich der, dessen Nähe ich verlor, wenigstens mit Worten – sozusagen seinem Abbild – erquicke.

2 Es waren, ich erinnere mich, fast alle Deine Worte in diesem Brief voll Galle und Wermut, da sie die traurige Geschichte unserer Bekehrung und, mein Einziger, Deine endlosen Leiden erzählten. Du hast in der Tat erfüllt, was Du dem Freund im Anfang des Briefes versprochen: Er konnte wirklich seine eigenen Beschwerden im Vergleich mit den Deinen für nichts oder doch für gering ansehen. Du schilderst zuvor die Verfolgungen vonseiten Deiner Lehrer gegen Dich, hierauf das Verbrechen an Deinem Leib aus höchstem Verrat und richtest dann Deine Feder auf die verabscheuungswürdige Missgunst und maßlose Gehässigkeit Deiner eigenen Mitschüler, des Alberich von Reims und Lotulfs, des Lombarden. Du hast nicht übergangen, was wegen ihrer Einflüsterungen mit Deinem ruhmvollen theologischen Werk, was mit Dir selbst geschah, als Du sozusagen zur Kerkerhaft verurteilt wurdest. Sodann kommst Du auf die Tücke Deines Abtes und Deiner falschen Brüder und auf jene Dich sehr bedrückenden Herabsetzungen durch jene beiden Lügenapostel – sie waren gegen Dich aufgehetzt von den oben genannten Rivalen – und ferner auf das Ärgernis, das viele daran nahmen, dass Du Dein Oratorium entgegen den Gewohnheiten auf den Namen des Parakleten weihtest. Am Ende gehst Du über zu jenen unerträglichen und noch immer gegen Dich fortdauernden Verfolgungen jenes grausamen Vollstreckers und der verworfenen Mönche, die Du «Söhne» nennst, und beschließt so Deine traurige Geschichte.

3 Niemand, glaube ich, kann dies trockenen Auges lesen oder anhören. Umso nachhaltiger haben diese Worte meine Schmerzen wiedererweckt, je genauer sie Einzelheiten darstellten, und jene umso mehr gesteigert, je mehr Du von immer noch wachsenden Gefahren für Dich berichtet hast: So müssen wir denn alle für Dein Leben zittern und mit klopfendem Herzen und bebender Brust Tag für Tag jene letzte Botschaft von Deinem Tode erwarten. Darum im Namen dessen, der Dich bisher aus allen Gefahren für sich gerettet hat, im Namen Jesu Christi beschwören wir Dich, Du mögest seinen und Deinen Dienerinnen durch häufigere Nachricht Gewissheit zu verschaffen geruhen über die Katastrophen, in denen Du jetzt noch umhertreibst: So wirst Du wenigstens an uns, die wir allein Dir treu geblieben, Genossinnen Deiner Leiden und Deiner Freuden haben. Denn einem Trauernden bringen jene keinen geringen Trost, die mittrauern, und jede Last wird, wenn sie vielen auferlegt ist, leichter getragen oder fortbewegt. Und wenn der gegenwärtige Sturm sich ein wenig beruhigt hat, dann sollst Du uns umso schleuniger Briefe schicken, und sie werden uns umso willkommener sein. Im Übrigen: Was es auch sei, das Du uns schreibst – keine schwache

Arznei wirst Du uns da verabreichen, schon darum, weil Du damit zeigst, dass Du unserer gedenkst. Wie willkommen uns Briefe von Freunden in der Ferne sind, das bestätigt Seneca aus eigener Erfahrung, indem er an seinen Freund Lucilius Folgendes schreibt:

> Ich bin Dir sehr dankbar, dass Du mir so fleißig schreibst. Denn das ist die einzige Art, wie Du Dich mir zeigen kannst. Niemals empfange ich einen Brief von Dir, ohne dass wir sogleich beieinander wären. Wenn schon die Bilder abwesender Freunde uns willkommen sind, die unsere Erinnerung auffrischen und unsere Sehnsucht nach dem Abwesenden mit trügerischem und nichtigem Trost lindern, wie viel willkommener sind uns Briefe, die uns wirkliche Lebenszeichen von dem abwesenden Freund geben!

Gott sei Dank, dass Du uns Deine Gegenwart wenigstens auf diese Weise schenken kannst, ohne Dich von Missgunst abhalten, ohne Dich von einer Schwierigkeit hindern, ohne Dich – ich beschwöre Dich – von Gleichgültigkeit lähmen zu lassen!

4 Dem Freund hast Du zum Trost in einem

ausführlichen Brief statt über seine Bedrängnisse über Deine geschrieben. Während Du aber, Deine Bedrängnisse sorgfältig schildernd, seinen Trost anstrebtest, hast Du unsere Trostlosigkeit aufs Äußerste gesteigert, und während Du seine Wunden zu heilen bestrebt warst, hast Du uns neue schmerzliche Wunden geschlagen und die alten noch vertieft. Heile nun, ich bitte Dich, was Du selbst angerichtet hast, der Du, was andere angerichtet haben, gutzumachen bemüht bist! Deinem Freund und Genossen hast Du Genüge getan und hast Deine Verpflichtung zur Freundschaft und Brüderlichkeit eingelöst: Uns gegenüber jedoch hast Du Dich mit einer noch größeren Verpflichtung gebunden; denn wir dürfen uns nicht bloß Deine Freundinnen, sondern Deine Herzensfreundinnen, nicht Deine Genossinnen, sondern vielmehr Deine Töchter nennen, und könnte man einen anderen, noch süßeren, noch heiligeren Namen erdenken: Uns käme er zu. Mit was für einer Verpflichtung aber Du Dich uns gegenüber gebunden hast, dafür braucht es keine Beweise, keine Zeugen; Zweifel ist hier nicht möglich, und wenn alle schweigen, die Sache selbst spricht laut und deutlich. Du allein bist, nächst Gott, der Gründer dieses Klosters, Du allein der Erbauer dieses

Oratoriums, Du allein der Stifter dieser heiligen Gemeinschaft! Nicht auf fremden Grund hast Du gebaut.[94] Deine Schöpfung ist alles, was hier ist. Wildnis war ringsumher, nur wilden Tieren oder Räubern zugänglich; sie kannte keine menschliche Wohnung, sie bot keine Behausung. Unter den Lagerstätten des Wildes, bei den Höhlen der Räuber, wo man Gott nicht einmal zu nennen pflegt, hast Du das göttliche Tabernakel aufgerichtet und dem Heiligen Geist einen Tempel geweiht. Nichts hast Du zu seinem Bau aus den Schätzen der Könige und Fürsten aufgebracht, obwohl Du sie in reicher Fülle hättest haben können, damit alles, was geschah, Dir allein zugeschrieben werden könne. Geistliche und Schüler, die um die Wette hier zusammenströmten zu Deinem Unterricht, besorgten alles Nötige. Leute, die selbst auf Kosten der Kirche lebten, die das Schenken nicht kannten, sondern nur das Empfangen, und die die Hand nicht zum Geben, sondern nur zum Nehmen offen hatten: Nun wurden sie mit Leistungen großzügig und verschwenderisch.

5 Dein also, ja wirklich Dein Eigen im heiligen Vorsatz ist diese neue Pflanzung, für deren zarte Sprossen, damit sie gedeihen, reichliche Bewässerung das Notwendigste ist. Schon infol-

ge der zarten Natur des weiblichen Geschlechts ist es ja eine schwache Pflanzung; sie wäre nicht stark, auch wenn sie nicht so jung wäre. Darum hat sie noch mehr sorgfältige und vielfache Pflege nötig, gemäß jenem Wort des Apostels: «Ich habe gepflanzt, Apollo hat begossen, aber Gott hat das Gedeihen gegeben.» Gepflanzt hatte der Apostel und im Glauben gegründet durch Lehre und Predigt die Korinther, denen er schrieb. Begossen hatte sie später des Apostels Schüler Apollo mit frommen Mahnungen, und mithin hat ihnen die göttliche Gnade in aller Tugend Wachstum geschenkt. Den fremden Weinstock, den Du nicht gepflanzt und dessen Süßigkeit sich Dir in Bitternis verwandelt hat, suchst Du vergeblich mit Mahnung und frommer Zurede aufzuziehen. Denke doch daran, was Du Deiner eigenen Pflanzung schuldest, der Du auf die fremde so viel Sorgfalt verwendest! Du lehrst und mahnst die Empörer und richtest nichts aus. Vergeblich wirfst Du die Perlen des göttlichen Worts vor die Säue.[95] Der Du für Widerspenstige so viel aufwendest, sieh nur, was Du den Gehorsamen schuldig bist. Deinen Widersachern schenkst Du so reichlich, bedenke, was Du Deinen Töchtern schuldig bist! Von den Schwestern einmal ganz zu schweigen: Wäge selbst die Schuld ab, die Du mir gegenüber einzulösen hast, und was Du den gewissenhaften Frauen allen zusammen schuldest, das entrichte umso gewissenhafter der einen, die ganz und gar Dein ist. Wie viele, wie ausführliche Schriften die heiligen Väter zur Belehrung, Mahnung und Tröstung frommer Frauen vollendet und mit welcher Hingabe sie sie verfasst haben, weiß Dein hohes Wissen besser als mein geringes Gedächtnis. Darum hat zu meinem nicht geringen Befremden Deine Vergesslichkeit die zarten Pflanzen unseres frommen Lebenswandels schon längst entwurzelt: Nicht Gottesfurcht, nicht Liebe zu uns, nicht das Beispiel der heiligen Väter konnte Dich bewegen, mich, die noch schwankt und vom schon lange währenden Gram aufgezehrt ist, trösten zu wollen, sei es mit einem Zuspruch an die Anwesende, sei es mit einem Brief an die Abwesende.

6 Und doch, Du weißt es wohl, dass Du an mich mit umso größerer Verpflichtung gebunden bist, je mehr Du – wie feststeht – vom Band des Ehesakraments gefesselt bist, und mein Schuldner bist Du umso mehr, als ich Dich allezeit – wie aller Welt offenbar ist – mit grenzenloser Liebe umfasst habe. Du weißt es, Geliebter, und alle Welt weiß es, wie viel ich in Dir verloren habe und mit welch jammervollem Sturz jener allgemein bekannte höchste Verrat mich mir selbst und Dir zugleich entriss, und dass mir aus der Art und Weise des Verlustes ein unvergleichlich viel größerer Schmerz erwächst als aus dem Unglück selbst. Aber je mehr Grund zum Schmerz vorhanden ist, desto mehr müssen auch stärkere Trostmittel angewandt werden, allerdings nicht von einem anderen, sondern von Dir allein, der Du meines Leidens Grund bist: Du allein magst auch meines Trostes Gnade sein. Du allein kannst mich elend machen, Du nur mich erfreuen und trösten. Und Du allein schuldest es mir, jetzt ganz besonders, da ich alles, was Du befahlst, so vollkommen erfüllt habe, dass ich mich selbst auf Deinen Befehl zu vernichten wagte, denn Dir zuwiderhandeln könnte ich nicht.

7 Aber noch Größeres widerfuhr mir, noch Seltsameres: Meine Liebe schlug um in solchen Wahnsinn, dass sie sich selbst das, was sie einzig begehrte, raubte ohne Hoffnung auf Wiedererlangung, indem ich auf Deinen Befehl zugleich mit dem neuen Gewand auch meine Seele umwandelte, um zu zeigen, dass Du allein Herr meines Leibes und meiner Seele bist. Nichts habe ich je bei Dir gesucht – Gott weiß es – als

Dich selbst: Dich schlechthin begehrte ich, nicht das, was Dein war. Kein Ehebündnis, keine Morgengabe habe ich erwartet; nicht meine Lust und meinen Willen suchte ich zu befriedigen, sondern den Deinen, das weißt Du wohl. Mag Dir der Name «Gattin» heiliger und ehrbarer scheinen, mir war allzeit reizender die Bezeichnung «Geliebte», oder gar – verarg es mir nicht – Deine «Konkubine», Deine «Hure». Je tiefer ich mich um Deinetwillen erniedrigte, desto mehr wollte ich dadurch Gnade bei Dir finden und gerade auf diese Weise umso weniger dem Ruhm Deiner Vorzüglichkeit schaden. Und Du selbst hast in jenem Trostbrief an Deinen Freund, den ich oben erwähnte, dies um Deinetwillen keineswegs vergessen. Du hast es nicht verschmäht, einige der Gründe anzuführen, mit denen ich versuchte, Dich von unserer Ehe und der unseligen Vermählung abzuhalten; allein hast Du diejenigen fast alle unerwähnt gelassen, aus denen ich die Liebe der Ehe, die Freiheit dem Zwang vorzog. Gott rufe ich an als Zeugen; wollte mich heute der Kaiser, der Herr der Welt, der Ehre seines Ehebetts würdigen und mir zusichern, für immer über die ganze Welt gebieten zu können; für süßer und würdiger achtete ich's, Deine Buhlerin zu heißen als seine Kaiserin. Denn es ist jemand nicht deshalb, weil er reicher oder mächtiger ist, bereits besser: Jenes ist Sache des Zufalls, dies des sittlichen Wertes. Jene muss sich ja selbst in nicht geringem Maße für eine feile Person halten, die lieber einen reicheren als einen ärmeren Mann heiratet und weniger den Mann selbst begehrt als das, was er hat. Gewiss, der Frau, die eine solche Gier zur Ehe treibt, schuldet man eher Lohn als Zuneigung. Denn es ist ja gewiss, dass sie nach dem Besitz verlangt und nicht nach dem Mann, sodass sie sich, wenn sie nur könnte, einem reicheren Mann noch lieber preisgeben würde, wie es auch jene Beweisführung der Philosophin Aspasia in einem Gespräch mit Xenophon und seiner Gattin bei Aeschines, einem Schüler des Sokrates, offensichtlich zwingend nachweist.[96] Als die Philosophin jene Beweisführung zu ihrer wechselseitigen Aussöhnung vorgetragen hatte, schloss sie mit folgenden Worten: «Bevor ihr es also nicht dahin gebracht habt, dass es in der ganzen Welt keinen Mann und kein Weib gibt, besser und auserlesener als ihr, werdet ihr sicherlich immer am tiefsten vermissen, was ihr für das Beste haltet: Du wirst die beste Frau haben wollen, und sie wird mit dem besten Mann verheiratet sein wollen.»

Wahrlich ein heiliger und mehr als philosophischer Ausspruch, der aus der Weisheit selbst und nicht bloß aus der Liebe zur Weisheit stammt! Heiliger Irrtum, selige Täuschung, dass die vollkommene Liebe unter Gatten das Band der Ehe nicht durch die Keuschheit des Leibs unverletzt erhalten will, sondern durch die Einfalt der Seele! Aber was bei den andern der Irrtum, das hatte mir die offensichtliche Wahrheit gekündet. Denn was andere Frauen über ihre Männer nur vermuten, das habe ich, das hat die ganze Welt von Dir nicht bloß geglaubt, sondern gewusst, und so ist denn meine Liebe zu Dir umso wahrhaftiger, je weiter der Irrtum von ihr entfernt ist.

8 Denn wo ist der König oder der Weise, der Dir an Ruhm gleichkäme? Welches Land, welche Stadt, welches Dorf war nicht darauf erpicht, Dich zu sehen? Wer, frage ich, beeilte sich nicht, Dich zu erspähen, wenn Du in der Öffentlichkeit auftratest, und wenn Du abtratest, folgte man Dir da nicht nach mit gerecktem Hals und unverwandtem Blick? Sehnte sich nicht jede Frau, jedes Mädchen nach dem Abwesenden? Glühten sie nicht alle für den Anwesenden? Welche Fürstin, welche hohe Dame beneidete mich nicht um meine Freuden, um das Lager meiner Liebe?

Zweierlei – ich gestehe es – war es vor allem, womit Du die Herzen aller Frauen sofort gewinnen konntest: eine Ausstrahlungskraft der Dichtung und des Gesanges, die, wie ich weiß, die übrigen Philosophen am allerwenigsten erreicht haben. Bei ihnen erholtest Du Dich wie bei einem Spiel von der Anstrengung Deiner geistigen Arbeit, und eine ganze Anzahl von Gedichten und Liebesweisen, metrisch oder rhythmisch gebunden, hast Du hinterlassen, die, wegen der besonderen Süße ihres Wortlauts und ihrer Melodie oft und viel gesungen, Deinen Namen in aller Munde lebendig erhielten. Schon die Anmut Deiner Weisen ließ auch ungebildete Leute Dich nicht vergessen. Und daher vor allem seufzten die Frauen in Liebe zu Dir. Die große Mehrzahl dieser Gedichte besang unsere Liebe, und so klang mein Name binnen Kurzem weit hinaus in die Lande und weckte in vielen Frauen die Eifersucht. Denn welcher Vorzug des Körpers und des Geistes zierte nicht Deine Jugend? Welche Frau, die mich einst beneidete, würde nicht jetzt, da ich solcher Wonne beraubt bin, mein Unglück zum Mitleid zwingen? Welchen Mann, welche Frau, und wären sie mir noch so feind, erweichte jetzt nicht das mir von Anfang an geschuldete Mitleid?

9 Ganz schuldig bin ich, und doch auch, Du weißt es, ganz und gar schuldlos. Denn nicht der Erfolg der Tat, sondern die Verfassung des Täters unterliegt der Anklage. Und die Billigkeit wägt nicht, was geschieht, sondern aus welcher Gesinnung etwas geschieht. Welche Gesinnung ich aber Dir gegenüber allezeit hatte, kannst allein Du beurteilen, der Du sie erprobt hast. Deiner Prüfung überlasse ich alles, Deiner Entscheidung füge ich mich in allen Stücken.

Nur das eine sag mir, wenn Du kannst: warum ich nach unserem Eintritt ins Kloster, den Du allein beschlossen hast, so sehr Deiner Nachlässigkeit und Vergesslichkeit zum Opfer gefallen bin, dass ich mich weder an einem Gespräch mit dem Anwesenden erquicken noch mit einem Brief des Abwesenden trösten konnte. Warum das? Sag es, wenn Du kannst, oder ich spreche aus, was ich denke, ja, was jedermann argwöhnt! Ach! Begierde mehr als Freundschaft verband Dich mir, Glut der Sinnenlust mehr als Liebe. Wo dahin ist, was Du begehrtest, ist zugleich erloschen, was Du um dessentwillen einst an den Tag legtest. Das, mein Geliebter, ist nicht etwa meine eigene Meinung, sondern die aller, keine vereinzelte, sondern eine allgemeine, keine private, sondern eine öffentliche.

Wenn es doch nur mir allein so erschiene und Deine Liebe einige Fürsprecher zu ihrer Entschuldigung fände, durch die mein Schmerz einigermaßen gelindert würde. Könnte ich doch Umstände erfinden, Dich zu entschuldigen und zugleich mein Elend zu verdecken!

Höre, worum ich Dich bitte, beschwöre ich Dich! Und Du wirst sehen: Es ist Dir ein Geringes und Leichtes. Da ich nun einmal Deiner Gegenwart beraubt bin, so lass doch in Worten der Liebe, die Dir in Fülle zu Gebote stehen, Dein süßes Bild bei mir einkehren! Vergeblich erwarte ich Dich freigebig in Wirklichkeit zu erleben, wenn ich Dich in Worten geizig erleben muss. Ich hatte geglaubt, ich hätte Deinen besonderen Dank verdient, da ich um Deinetwillen alles erfüllt habe und bis jetzt im Gehorsam Dir gegenüber verharre. Denn nicht Frömmigkeit, sondern Dein Befehl allein hat mich in blühender Jugend zur Düsternis des Klosterlebens hingezogen. Habe ich deswegen nicht Deinen Dank verdient, dann urteile, wie vergeblich ich leide! Denn von Gott darf ich dafür keinen Lohn erwarten, da ich bisher nichts aus Liebe zu ihm getan habe: Das steht fest.

10 Da Du bei Gott Deine Zuflucht suchtest, bin ich Dir gefolgt, nein: im Schleier vorangeeilt. Als dächtest Du an Lots Weib, das sich einst rückwärtswandte,[97] hast Du erst mich den Schleier nehmen und das Gelübde ablegen lassen, ehe Du selbst Dich Gott zum Eigentum weihtest. Es schmerzte und beschämte mich, ich sage es offen, dass Du mir damals weniger zutrautest als Dir selbst. Und doch, Gott weiß es, wäre ich auf Deinen Befehl ohne Zögern, wenn Du Dich in die Hölle stürztest, Dir vorangeeilt oder gefolgt. Mein Herz war ja nicht mehr mein, sondern bei Dir. Und wenn es jetzt auch bei Dir nicht mehr ist, ist es nirgendwo; denn ohne Dich kann es überhaupt nicht mehr sein. Ach, lass es bei Dir geborgen sein, ich beschwöre Dich! Und wohlgeborgen wird es bei Dir sein, wenn es Dich gütig findet, wenn Du Liebe mit Liebe vergelten willst,[98] Großes mit Kleinem, Taten mit Worten. Ach, wenn doch, Geliebter, Deine Liebe sich weniger auf mich verlassen könnte, so dass sie beunruhigter wäre! Nun, da ich Dich so sicher gemacht, muss ich Dich umso gleichgültiger ertragen. Ich beschwöre Dich, denke daran, was ich für Dich getan habe, und vergiss nicht, was Du mir schuldest. Als ich des Fleisches Lust in Deinen Armen genoss, da durften die meisten unsicher sein, ob ich es aus Liebe oder Lüsternheit trieb. Jetzt aber zeigt ja der Ausgang, unter welchem Vorzeichen ich begann. Alle Freuden habe ich mir versagt, um Deinem Willen zu gehorchen. Nichts habe ich mir zurückbehalten, als ganz und gar nur Dir zu gehören.

11 Darum bedenke, wie groß Deine Ungerechtigkeit ist, wenn Du mir geringeren Dank entrichtest, der ich größeren verdiene, oder gar überhaupt keinen – zumal es ja ein Geringes und eine Kleinigkeit für Dich ist, was ich verlange. Darum, bei dem Gott, dem Du Dich anheimgegeben, beschwöre ich Dich: Schenke mir Deine Gegenwart, so gut Du kannst, und schreib mir zum Trost wenigstens etwas, damit ich, so gestärkt, umso froher für den Dienst Gottes frei bin.

Als Du mich einst für die Freuden der Welt begehrtest, besuchtest Du mich in zahlreichen Briefen, und Deine Heloïse, in so manchem Lied gefeiert, legtest Du in aller Munde; mich besangen alle Gassen und jedes Haus. Wie viel mehr solltest Du mich jetzt zur Gottesliebe wie einst zur Wollust erwecken! Bedenke, was Du mir schuldest, und höre, was ich verlange! Und so will ich den langen Brief mit dem kurzen Wort beschließen: Lebe wohl, Du mein Ein und Alles!

DRITTER BRIEF
Abaelard an Heloïse

An Heloïse, seine geliebte Schwester in Christo – Abaelard, ihr Bruder im Herrn

1 Dass ich seit unserem Rückzug aus der Welt zu Gott noch keine Worte des Trostes und der Mahnung an Dich geschrieben habe, darfst Du nicht meiner Gleichgültigkeit zuschreiben, sondern Deiner eigenen Klugheit, auf die ich mich allzeit besonders verlasse. Ich dachte nicht, dass Du sie nötig hättest, da Dich die göttliche Gnade mit allem, was nottut, überreichlich ausgestattet hat, sodass Du selbst die Irrenden durch Wort und Beispiel belehren, die Kleinmütigen trösten, die Lauen ermahnen kannst; und dieses zu tun bist Du ja schon seit jener Zeit gewöhnt, da Du noch unter einer Äbtissin das Amt einer Priorin bekleidetest. Wenn Du jetzt mit derselben Liebe um Deine Töchter besorgt bist wie ehemals um die Schwestern, so wird es, wie wir glauben, genug sein, und eine Belehrung und Mahnung von meiner Seite erscheint uns dann überhaupt überflüssig. Wenn es Dir aber in Deiner Bescheidenheit anders erscheint und Du auch in religiösen Dingen meine schriftliche Belehrung benötigst, so schreibe mir, worüber Du belehrt sein willst, und ich werde Dir zurückschreiben, soweit der Herr es mir vergönnt.

2 Gott aber sei gedankt, der Euren Herzen die Sorge um meine schweren und beständigen Gefahren eingehaucht und Euch zu Genossinnen meiner Anfechtungen gemacht hat. So wird Gottes Barmherzigkeit mich um Eurer Gebete willen beschützen und bald den Satan unter meine Füße treten.[99] Darum beeile ich mich, Dir den Psalter zu schicken, den Du so dringend verlangtest, meine Schwester, einst in der Welt mir so teuer und noch viel teurer jetzt in Christo. Aus ihm magst Du für meine vielen schweren Sünden und gegen meine tägliche Bedrohung durch Gefahren dem Herrn ein beständiges Gebetsopfer entrichten.

3 Welchen Rang aber bei Gott und seinen Heiligen das Gebet der Gläubigen einnimmt, insbesondere das Gebet von Frauen für solche, die ihnen lieb sind, und das der Gattinnen für ihre Männer, dafür begegnen uns viele Zeugnisse und Beispiele. Dies meint auch der Apostel, wenn er uns mahnt, ohne Unterlass zu beten.[100] Wir lesen, dass der Herr zu Mose sagte: «Lass mich, dass mein Zorn über sie ergrimme.»[101] Und zu Jeremia spricht der Herr: «Du sollst für dies Volk nicht bitten und mir nicht widerstehen.»[102] In diesen Worten gesteht der Herr selbst deutlich zu, dass das Gebet der Gerechten seinem Zorn gewissermaßen einen Zügel anlege, damit er gebändigt werde und nicht von sich aus so gegen die Sünder wüte, wie es ihre Schuld eigentlich verdient. Seine Gerechtigkeit treibt ihn unwillkürlich zur Rache, aber die Fürbitte der Frommen stimmt ihn um und hält ihn gegen seinen Willen, gleichsam mit Gewalt zurück. Und so wird dem, der bittet oder bitten will, gesagt: «Lass mich und widerstehe mir nicht!» Der Herr verbietet also, dass man für die Gottlosen bete. Es betet der Gerechte gegen den Willen Gottes, und wirklich erlangt er von ihm, was er erbittet, und hebt den Spruch des erzürnten Richters auf. So heißt es denn weiter von Mose: «Und da gereute den Herrn das Unheil, das er verkündete anzutun seinem Volke.»[103] An einer anderen Stelle steht geschrieben von den Werken Gottes überhaupt: «Er spricht, so geschieht's.»[104] Hier aber wird erzählt, Gott habe zwar gesagt, was sein Volk wegen seines Falls verdiene, doch, allein durch die

Kraft des Gebetes umgestimmt, habe er nicht ausgeführt, was er gesprochen.

4 Erkenne daraus, wie groß die Kraft des Gebets ist, wenn wir so beten, wie wir geheißen werden: Hat doch der Prophet selbst durch ein Gebet, was zu erbeten Gott ihm eigentlich verboten hatte, erreicht und ihn so von dem, was er gesprochen hat, abgebracht.

Ein anderer Prophet sagt zu ihm: «Und wenn du erzürnt bist, so gedenke deiner Barmherzigkeit.»[105] Das mögen die Fürsten dieser Welt hören und beherzigen, die sich unter dem Vorwand der vorrangigen und verkündeten Gerechtigkeit oftmals eher als eigensinnig denn gerecht erweisen; die, wenn sie barmherzig sein wollen, sich dafür schämen, als schwach zu gelten, oder als wortbrüchig, wenn sie einen Erlass abändern, oder das, was sie zu unüberlegt festgesetzt haben, nicht ausführen, obwohl sie doch nur durch Taten ihre Worte verbessern könnten. Solche Menschen sind – wie ich gewiss zu Recht behaupten möchte – mit Jephta zu vergleichen, der, was er töricht gelobt, noch törichter erfüllte[106] und sein einziges Kind opferte. Wer aber ein Kind Gottes zu werden begehrt, der spricht mit dem Psalmisten: «Deine Barmherzigkeit und dein Gericht will ich preisen, o

Herr.»[107] – «Die Barmherzigkeit» – so steht geschrieben – «rühmet sich wider das Gericht.»[108] Aber wohlgemerkt, auch an anderer Stelle droht die Heilige Schrift: «Es wird ein unbarmherziges Gericht über den ergehen, der nicht Barmherzigkeit getan hat.»[109]

So hat auch der königliche Psalmsänger selbst auf die Fürbitte der Gattin Nabais, des Karmeliten, seinen Eid, den er nach dem Recht geschworen hatte, ihren Mann und sein Haus zu vernichten, aus Mitleid rückgängig gemacht.[110] Er hat also das Flehen über die Gerechtigkeit gestellt, und was der Mann verbrochen hatte, hat die Fürbitte der Frau wieder getilgt.

5 Dies, liebe Schwester, möge Dir als Vorbild vorschweben und eine sichere Bürgschaft geben: Wenn schon das Gebet dieses Weibes bei einem Menschen so viel vermochte, so kannst Du daraus lernen, wie viel erst Deine Fürbitte für mich bei Gott auszurichten vermag. Gott, der unser Vater ist, liebt ja seine Kinder mehr, als David jenes fürbittende Weib liebte. David war ja wohl fromm und barmherzig; Gott aber ist die Liebe und Barmherzigkeit selbst. Und jene Frau, die damals ihre Fürbitte vorbrachte, gehörte der Welt an und weltlichem Volk, und war nicht, wie Du, Gott verbunden durch ein

heiliges Gelübde. Und solltest Du aus eigener Kraft zu wenig ausrichten, um dies zu erreichen, so wird die heilige Schar der Jungfrauen und Witwen, die um Dich ist, gewiss das erlangen, was Du für Dich allein nicht vermagst. Denn die «Wahrheit» spricht zu ihren Jüngern: «Wo zwei oder drei versammelt sind in meinem Namen, da bin ich mitten unter ihnen»,[111] und weiter: «Wo zwei unter euch eins werden auf Erden, warum es ist, dass sie bitten wollen, das soll ihnen widerfahren von meinem Vater im Himmel.»[112] Wer sähe nicht, wie viel das inständige Gebet einer frommen Gemeinschaft bei Gott vermag? Der Apostel sagt: «Das Gebet des Gerechten vermag viel, wenn es ernstlich ist»[113] – wie viel dürfen wir dann erst von der Versammlung einer frommen Gemeinde erwarten?

6 Aus der 38. Homilie des heiligen Gregor[114] weißt Du, geliebte Schwester, welch mächtige und rasche Hilfe einem Bruder gegen seinen Willen und Widerspruch das Gebet der Mitbrüder gebracht hat. Deiner Klugheit ist wohl bekannt, was eingehend dort erzählt wird: wie der Mann schon in den letzten Zügen lag, wie seine arme Seele mit der Todesangst rang und wie er in seiner Verzweiflung aus Lebensüberdruss die Brüder vom Gebet abhalten wollte. Möge dieses

Beispiel Dich und den Konvent der frommen Schwestern noch zuversichtlicher zum Gebet stimmen, auf dass der mich für Euch am Leben erhalte, durch den, nach dem Zeugnis des Paulus, «die Weiber haben selbst ihre Toten durch Auferstehung wiedererhalten»[115].

7 Schlage die Schriften des Alten und Neuen Testaments nach, und Du wirst finden, dass die größten Wunder der Totenerweckung allein oder vornehmlich Frauen erwiesen, für sie oder an ihnen bewirkt wurden. Das Alte Testament erwähnt zwei Tote, die auf die Bitte ihrer Mütter durch Elias und durch dessen Schüler Elisäus erweckt wurden. Das Evangelium aber enthält drei Totenerweckungen, die der Herr den Frauen zuliebe vollzogen hat, und jenes Wort des Apostels, das ich oben angeführt habe, bestätigt es durch Tatsachen: «Die Weiber haben ihre Toten durch Auferstehung wiedererhalten.» Den Sohn der Witwe von Nain hat Jesus vor dem Tor der Stadt erweckt und hat ihn, von Mitleid erschüttert, seiner Mutter wiedergegeben.[116] Auch Lazarus, seinen Freund, hat er auf die Bitten seiner Schwestern Maria und Martha ins Leben zurückgerufen.[117] Und wenn er dem Töchterlein des Synagogenvorstehers dieselbe Gnade auch auf die Bitte ihres Vaters erwiesen hat,[118] so haben

doch auch hier «die Weiber ihre Toten durch Auferstehung wiedererhalten»; denn wie jene den Leichnam der Ihrigen, so erhielt sie ihren eigenen Leib vom Tod zurück. Und diese Erweckungen geschahen alle auf die Bitte weniger Menschen. Doch das vielfältige Gebet Eurer ganzen frommen Gemeinschaft wird die Erhaltung meines Lebens leicht erlangen. Je mehr Eure gottgeweihte Armut und Keuschheit angenehm vor ihm ist, desto geneigter werdet Ihr ihn finden. Und vielleicht waren die meisten von denen, die vom Tod erweckt wurden, nicht einmal Gläubige; wenigstens lesen wir von jener Witwe, der Jesus ihren Sohn erweckte, ohne dass sie darum bat, nicht dass sie gläubig gewesen sei. Uns aber verbindet miteinander nicht allein die Lauterkeit des Glaubens, sondern es eint uns auch ein und dasselbe heilige Gelübde.

8 Aber ich will von der heiligen Gemeinschaft Eures Kollegiums schweigen, in dem die Frömmigkeit vieler Jungfrauen und Witwen Gott beständig dient. Ich will allein von Dir reden, deren Frömmigkeit – daran zweifle ich nicht – bei Gott viel vermag und die mir besonders jetzt schuldet, was sie vermag, da ich mit so viel Missgeschick zu kämpfen habe. Gedenke in Deinen Gebeten allezeit dessen, der Dein ist in ganz besonderem Sinn, und wache umso zuversichtlicher im Gebet, als Du ja weißt, dass es nur recht und billig ist, was Du tust, und dass es jenem, zu dem Du beten sollst, deshalb nur umso angenehmer ist.

Höre mit dem Ohr des Herzens, was Du schon so oft mit dem leiblichen Ohr gehört hast. In den Sprüchen steht geschrieben: «Ein fleißiges Weib ist eine Krone ihres Mannes»[119] und «Wer eine Ehefrau findet, der findet Gutes und bekommt Wohlgefallen vom Herrn»[120]. Weiter heißt es: «Haus und Güter vererben die Eltern, aber ein vernünftiges Weib kommt vom Herrn.»[121] Der «Prediger» aber sagt: «Selig der Mann, dem ein gutes Weib beschieden ist»,[122] und bald darauf: «Ein gutes Weib ist ein guter Besitz.»[123] Und die Meinung des Apostels ist: «Der ungläubige Mann ist geheiligt durch ein gläubiges Weib.»[124] Dafür hat die göttliche Gnade gerade in unserer Heimat, im Frankenreich, einen besonderen Erfahrungsbeweis zutage gefördert: Wurde der König Chlodwig doch weniger durch die Predigt der Priester als durch das Gebet seiner Gemahlin zum Glauben an Christus bekehrt;[125] das ganze Reich hat man infolgedessen unter das göttliche Gebot gestellt, und durch das Beispiel der Großen wurden die

Untertanen zur Beharrlichkeit im Gebet veranlasst.

Zu solcher Ausdauer lädt uns dringend das Gleichnis des Herrn ein, in dem er sagt: «Und ob er nicht aufstehet und gibt ihm darum, dass er sein Freund ist, so wird er doch um seines unverschämten Drängens willen aufstehen und ihm geben, wie viel er bedarf.»[126] Mit dieser – wenn man so sagen darf – Aufdringlichkeit des Gebets hat Moses, wie ich oben erwähnte, die Strenge der göttlichen Gerechtigkeit erweicht und Gottes Spruch umgewandelt.

9 Du weißt es, Geliebte, welch starken Ausdruck der Liebe Euer ganzer Konvent einst in den Gebeten für mich in meiner Gegenwart stets an den Tag legte. Jeden Tag pflegtet ihr zum Abschluss der Horen[127] ein besonderes Gebet für mich dem Herrn darzubringen, und zwar so, dass, nachdem Versus und Responsum gesungen war, Fürbitte und Kollekte sich anschloss in folgendem Wortlaut:

Responsum: «Verlass mich nicht, o Herr,
und weiche nicht von mir!»
Versus: «Sei allzeit zu meiner Hilfe bereit,
o Herr!»
Gebet: «Errette deinen Knecht, o mein Gott,

denn er harret auf dich! Herr, erhöre mein Gebet, und mein Geschrei komme vor dich!»
Kollekte: «O Gott, der du deine Mägde gewürdigt hast, durch deinen Knecht in deinem Namen vereinigt zu werden, wir bitten dich, lass ihn und uns in deinem Willen beharren! Durch unsern Herrn Jesum Christum.»

Jetzt aber bin ich fern von Euch und habe den Beistand Eures Gebetes umso nötiger, je mehr mich die Angst vor noch größerer Gefahr bedrängt. Darum bitte ich Euch flehentlich, bittend erflehe ich, dass ich gerade jetzt in der Ferne erfahren darf, wie wahrhaftig Eure Liebe für mich ist, wenn ich in der Ferne bin. Möget Ihr also dem Schluss der Horen noch die folgende besondere Fürbitte für mich beifügen:

Responsum: «Verlass mich nicht, o Herr, Vater und Gebieter meines Lebens, auf dass ich nicht falle vor den Augen meiner Feinde, dass sich mein Widersacher nicht freue!»
Versus: «Nimm deine Wehr und Waffen und erhebe dich zu meiner Hilfe, dass mein Feind sich nicht freue!»

Gebet: «Errette deinen Knecht, o mein Gott, denn er harret auf dich! Sende ihm Hilfe, o Herr, von deinem Heiligtum, und gewähre ihm Schutz von Zion! Sei ihm, o Herr, ein fester Turm vor dem Antlitz seines Feindes. Herr, erhöre mein Gebet, und mein Geschrei komme vor dich!»
Kollekte: «Gott, der du deine Mägde gewürdigt hast, durch deinen Knecht in deinem Namen vereinigt zu werden, wir bitten dich, schütze ihn vor allem Unheil und gib ihn wohlbehalten deinen Mägden wieder! Durch Jesum Christum unsern Herrn.»

10 Sollte mich aber der Herr in die Hände meiner Feinde fallen lassen, und sei's, dass sie mich überwältigen und töten oder dass ich sonst wie fern von Euch den Weg allen Fleisches gehe – so beschwöre ich Euch: Lasset meinen Leichnam, wo er auch begraben oder aufgebahrt liege, in Euren Friedhof überführen. Da mögen dann meine Töchter, vielmehr meine Schwestern in Christo, öfter mein Grab besuchen und sich dadurch aufgefordert fühlen, Gebete für mich zum Herrn emporzuschicken. Denn ich wüsste für eine schmerzvolle und ob des Irrtums ihrer Sünden trauernde Seele keinen schützenderen und heilsameren Ort als den, der eigens dem Parakleten, das heißt dem Tröster, zum Eigentum geweiht und mit dessen Namen besonders bezeichnet ist. Auch meine ich, dass es für ein christliches Begräbnis keinen passenderen Ort bei irgendwelchen anderen Gläubigen gibt als bei Frauen, die Christus geweiht sind. Denn Frauen waren einst besorgt um das Begräbnis unseres Herrn und behandelten ihn, wobei sie ihn vor und nach seinem Tod geleiteten, mit köstlichen Salben, und an seinem Grab wachten sie und über des Bräutigams Tod wehklagten sie unter Tränen,[128] wie geschrieben steht: «Frauen saßen am Grab und weinten und klagten um den Herrn.» Dort wurden sie auch zuerst mit der Kunde von der Auferstehung getröstet durch die Erscheinung und Ansprache der Engel, und gleich darauf durften sie, wie sie es verdienten, die Freude über seine Auferstehung erleben und ihn, der ihnen zweimal erschien, mit Händen berühren.

11 Zum Schluss – über alles andere bitte ich um eines: Sorgt dereinst ebenso ängstlich um das Heil meiner Seele, wie Ihr jetzt über die Gefahr für mein leibliches Leben mit allzu großer Ängstlichkeit besorgt seid, und erweist dem Toten Liebe, wie Ihr den Lebenden geliebt: durch den besonderen und eigenen Beistand Eurer Gebete!

Lebe, leb wohl, und Leben und Wohl für die Deinen, die Schwestern!

Lebt doch Christus, dem Herrn: Bitte, gedenkt meiner!

VIERTER BRIEF
Heloïse an Abaelard

Ihrem Ein und Alles nach Christus, die Seinige ganz in Christus

1 Es befremdet mich, mein Ein und Alles, dass Du gegen den Brauch im Briefverkehr, ja gegen die natürliche Ordnung der Dinge selbst in der Anrede Deines Briefes meine Person vor Deine zu setzen beliebtest: die Frau vor den Mann, die Gattin vor den Gatten, die Magd vor den Herrn, die Nonne vor den Mönch und Priester, die Diakonisse vor den Abt. Die richtige und schickliche Ordnung ist doch so, dass alle, wenn sie an Höhergestellte oder Gleichrangige schreiben, den Namen derer, denen sie schreiben, vor den eigenen setzen; wenn aber an Untergebene, so gehen in der schriftlichen Reihenfolge die voran, die auch im tatsächlichen Rang vorangehen.

2 Auch das haben wir mit nicht geringer Befremdung aufgenommen, dass Du die Trostlosigkeit derer, denen Du des Trostes Arznei hättest reichen sollen, noch gesteigert und dass

Du Tränen, die Du hättest stillen sollen, noch hervorgelockt hast. Denn wer von uns kann mit trockenen Augen anhören, was Du an den Schluss Deines Briefes setztest: «Sollte mich aber der Herr in die Hände meiner Feinde fallen lassen, und sei's, dass sie mich überwältigen und töten usw.»

O mein Geliebter, in welcher Verfassung konntest Du so etwas denken, in welcher Gesinnung nur aussprechen! Möge Gott niemals seine Dienerinnen so weit vergessen, dass er sie Dich überleben lasse! Möge er uns nimmermehr ein Leben fristen lassen, das schwerer ist als alle Arten des Todes! Dir ziemt es, unsere Exequien zu feiern, Du musst Gott unsere Seelen empfehlen und diejenigen zu ihm vorangehen lassen, die Du zu einer Gemeinde Gottes vereinigt hast. Von keiner Sorge um sie wirst Du dann mehr beunruhigt werden, und umso freudiger wirst Du uns nachfolgen, je gewisser Du über unser Seelenheil geworden bist.

Verschone uns, ich beschwöre Dich, mein Gebieter, verschone uns mit solchen Worten, mit denen Du Unglückliche zu Allerunglücklichsten machen kannst; nimm uns nicht vor dem Tod, dass wir wenigstens leben. «Es ist genug, dass ein jeglicher Tag seine eigene Plage habe»,[129] und jener Tag, ganz in Bitterkeit gehüllt, wird jedem, dem er anbricht, noch Angst genug bereiten. «Denn wozu soll man», sagt Seneca, «Übel heraufbeschwören und das Leben vor dem Tod verlieren?»

3 Du bittest darum, mein einzig Geliebter, wir sollen Deinen Leichnam, falls Du Dein Leben fern von uns beschließen solltest, nach unserer Begräbnisstätte überführen lassen, damit Du von unseren Gebeten aus der beständigen Erinnerung an Dich noch reichere Frucht empfängst. Aber wie kannst Du argwöhnen, dass Dein Andenken überhaupt aus unserem Gedächtnis schwinden könne? Und wird es dann die rechte Zeit zum Gebet sein, wenn die höchste Seelenangst uns ruhelos umtreibt? Wenn der Geist die Fähigkeit zum Denken verliert und die Zunge nicht mehr der Rede mächtig sein wird? Wenn das Herz in seinem Wahn sich geradezu gegen Gott empört, statt sich befrieden zu lassen, und ihn mit seinem Murren reizt, statt ihn mit Gebeten zu begütigen? Dann werden wir Armen nur noch weinen können, nicht mehr beten dürfen, und wir werden uns mehr eilen müssen, Dir im Tode nachzufolgen, als Dich zu bestatten, und wir werden selbst eher mitzubestatten sein, als dass wir Dich begraben können. Da wir mit Dir unser Leben verloren haben – wir könnten gar nicht weiterleben, wenn Du von uns scheidest! Hoffentlich bleibt es uns erspart, auch nur bis dahin zu leben! Schon der Gedanke an Deinen Tod ist so gut wie der Tod für uns. Und erst die Wirklichkeit dieses Todes selbst: Wie wird sie sein, wenn sie uns erreicht hat? Möge Gott nicht zugeben, dass wir am Leben bleiben, um an Dir diese Liebespflicht zu erfüllen und diesen letzten Dienst Dir zu erweisen, den wir vielmehr von Dir erwarten! Darin wollen wir Dir vorangehen, nicht folgen!

Darum schone uns, ich beschwöre Dich, schone wenigstens Deine Einzige; lass uns nicht solche Worte hören, mit denen Du gleich tödlichen Schwertern durch unsere Seele schneidest, sodass, was dem Tod vorangeht, schwerer ist als der Tod selbst! Ein kummerschweres Herz wird nicht still, und ein von Verwirrungen ergriffener Geist kann nicht wahrhaft für Gott frei sein. Ich bitte Dich, behindere den Dienst des Herrn nicht, für den gerade Du uns befreit hast. Alles Unvermeidliche, das, wenn es geschieht, tiefsten Kummer mit sich bringt, muss man sich wünschen, dass es jäh komme, damit uns nicht lange vorher mit unnützer Angst quält, was durch keine Vorsicht abzuwenden ist. So betrachtet es auch der Dichter, wenn er Gott bittet:

«Plötzlich komme, was du verhängst, und
blind für die Zukunft
Bleibe des Menschen Sinn, und Hoffnung
bleibe trotz Furcht ihm.»[130]

4 Aber was bleibt mir noch zu hoffen, wenn ich Dich verloren habe? Und welcher Grund, in meiner irdischen Pilgerschaft zu verharren, in der ich keinen andern Trost habe als Dich? Ja selbst von Dir bleibt mir ja nur noch das eine, dass Du lebst, da die Wonnen, die ich einst bei Dir fand, mir versagt sind. Ja nicht einmal Deine Gegenwart ist mir vergönnt zu genießen, dass ich mich wenigstens von Zeit zu Zeit wiederfinden könnte.

O wenn es mir doch gestattet wäre zu sagen: «O du grausamer Gott, grausam in allen Stücken! O unbarmherzige Barmherzigkeit! O schicksalhaftes Geschick!» Seine sämtlichen Anschläge hat es an mich verschwendet, und es hat keines mehr übrig, um gegen andere zu wüten. Seinen ganzen, wohlgefüllten Köcher hat es an mir erschöpft, sodass andere schon umsonst vor den Schlachten mit ihm erzittern. Ja selbst wenn es noch ein Geschoss übrig hätte, es fände keine freie Stelle mehr an mir für eine Verwundung. Nur das eine hat es bei so vielen Wunden zu fürchten, dass mein Tod diesen Qualen ein Ende mache! Und obwohl es nicht aufhört, mich zu vernichten, so fürchtet es dennoch die Vernichtung, die es beschleunigt.

O ich Elendeste der Elenden! Ich aller Unglücklichen Unglücklichste! Einen je erhabeneren Rang ich, in Dir herausgehoben über alle Frauen der Welt, errang, umso tiefer musste ich, von dort herabgeworfen, an Dir und mir zugleich den Sturz erleiden. Denn je höher der Rang, wenn einer emporgestiegen, desto tiefer ist der Sturz, wenn er fällt. Gab es unter allen edlen und hohen Frauen eine, die das Schicksal mir jemals vorgezogen oder gleichgestellt hätte? Aber gibt es auch eine, die es so in die Tiefe gestürzt und so mit Leid überschüttet hätte? Welchen Ruhm hat es mir in Dir verschafft! Welches Elend hat es mir in Dir gebracht! Wie mitreißend erschien es mir nach beiden Seiten: Weder im Guten noch im Bösen hat es Maß gehalten. Nur um mich zur elendesten aller Frauen zu machen, hat es mich vorher glücklicher als alle gemacht, damit, wenn ich erwog, wie viel ich verloren, desto heftiger die Klagen mich verzehrten, umso heftiger der

Schaden mich bedrückt, und desto heftiger der Schmerz um das Verlorene nachfolge, je heftiger die Liebe zum Errungenen gewesen war. Und der höchsten Wonne Freuden sollte des tiefsten Kummers Trauer enden.

5 Damit aus einer Kränkung noch größere Empörung wüchse, wurden alle Gebote der Gerechtigkeit an uns in Ungerechtigkeit verwandelt. Denn solange wir die Freuden einer beklemmenden Liebe genossen und, um ein anstößigeres, aber bezeichnenderes Wort zu gebrauchen, der Hurerei uns hingaben, so lange hat uns die göttliche Strenge verschont. Als wir aber anstelle der verbotenen Liebe die erlaubte setzten und das Anstößige unserer Hurerei durch ein ehrbares Ehebündnis bedeckt hatten, da erst hat uns der Herr in seinem Grimm seine gewaltige Hand fühlen lassen, und das reine Ehebett hat der nicht ertragen, der das befleckte vorher so lange geduldet hatte.

Für Männer, die man beim Ehebruch angetroffen hätte, wäre die Strafe, die Du ausgestanden hast, hart genug zur Sühne gewesen. Was andere wegen des Ehebruchs verdienen, das hast Du infolge Deiner rechtmäßigen Ehe erlitten, durch die Du glaubtest, alle Sünden gebüßt zu haben. Was Buhlerinnen ihren Mitschuldigen, das hat Deine Gattin über Dich gebracht, und zwar nicht, solange wir in den alten Genüssen schwelgten; vielmehr lebten wir ja gerade damals keuscher und getrennt voneinander: Du hieltest in Paris Deine Schule, ich lebte auf Deinen Wunsch unter den Nonnen zu Argenteuil. So hatten wir uns getrennt, damit Du desto eifriger dem Unterricht obliegen könntest, ich umso ungestörter dem Gebet und frommer Betrachtung mich widmete, und während wir keuscher und darum desto unsträflicher lebten als sonst, hast Du an Deinem Leib die Schuld allein bezahlt, die wir beide gemeinsam begangen hatten. Allein standest Du unter Strafe, wir beide in der Schuld: Du, der weniger schuldig war, hast die ganze Strafe auf Dich genommen. Denn je mehr Du Genugtuung geleistet, indem Du Dich um meinetwillen erniedrigtest, mich aber und mein ganzes Geschlecht zu Dir emporhobst, umso weniger hattest Du Dich der Strafe vor Gott so wie der vor jenen Verrätern preisgegeben.

Ich Unselige! Musste ich geboren werden, um die Ursache eines solchen Verbrechens zu werden? Dass doch den größten Männern allezeit von Frauen das größte Verderben droht! Darum steht auch in den Sprüchen, wovor man sich hüten müsse bei den Weibern: «Mein Sohn, höre mich und merke auf die Worte meines Mundes: lass dein Herz nicht weichen auf ihrem Weg und lass dich nicht verführen auf ihrer Bahn. Denn sie hat viele verwundet und gefällt, und sind allerlei Mächtige von ihr ermordet. Ihr Haus sind Wege zur Hölle, da man hinunterfährt in des Todes Kammer.»[131] Und im «Prediger» heißt es: «Ich habe alle Dinge durchforscht in meinem Geist und fand, dass ein solches Weib, welches Herz, Netz und Strick ist und ihre Hände Bande sind, bitterer sei denn der Tod. Wer Gott gefällt, der wird ihr entrinnen; aber der Sünder wird durch sie gefangen.»[132]

6 Schon das erste Weib im Paradies hat den Mann verführt,[133] und während sie ihm vom Herrn zur Gehilfin geschaffen war, ist sie ihm zum größten Verderben geworden.

Jenen stärksten Nasiräer vor dem Herrn,[134] der auf die Verkündigung des Engels hin empfangen war,[135] hat Dalila allein überwunden, und es hat ihn, als er den Feinden ausgeliefert und seiner Augen beraubt war, der Schmerz zuletzt dazu getrieben, dass er zugleich sich und seine Feinde unter Trümmern begrub.

Den Salomo, aller Weisen Weisesten, hat allein das Weib,[136] mit dem er sich verbunden hatte, betört und in solchen Wahnsinn getrieben, dass sie ihn, den doch der Herr zum Erbauer seines Tempels auserlesen hatte – während der fromme David, Salomos Vater, nicht dessen gewürdigt worden war –, bis an sein Lebensende zum Götzendienst verleitete, wobei er von dem wahren Gottesdienst, den er in Wort und Schrift predigte und lehrte, abfiel.

Der fromme Hiob[137] hatte den letzten und härtesten Kampf mit seinem Weibe zu bestehen, die ihn dazu verleiten wollte, Gott zu fluchen. Der schlaue Versucher wusste wohl – er hatte es zu oft erprobt –, dass die Männer am leichtesten durch ihre Frauen zu Fall kommen.

So hat er denn seine gewohnte Teufelei auch an uns erprobt und hat Dich durch die Ehe zu Fall gebracht, da er Dich durch die Hurerei nicht zur Strecke bringen konnte. Und aus dem Guten wirkte der Schlechtes, dem aus dem Schlechten Schlechtes zu wirken nicht vergönnt war.

7 Gott aber sei Dank wenigstens dafür, dass mich der Versucher nicht wie die genannten Frauen mit meiner Zustimmung in Schuld verstrickte, wenngleich er meine Liebe zum Werkzeug für seine Bosheit verkehrt hat. Und doch, wenn auch Unschuld mein Gewissen freispricht und keine Zustimmung mich der Schuld an die-

sem Verbrechen aussetzt, so gingen doch viele Sünden vorher, die mich nicht völlig frei von Schuld an diesem Verbrechen sein lassen.

Denn lange vorher schon hatte ich den Lockungen fleischlicher Lüste gefrönt; schon damals hätte ich verdient, was ich jetzt leide, und das Nachfolgende ist die gerechte Strafe für die früheren Sünden in mir. Und den bösen Anfängen muss man den schlimmen Ausgang zuschreiben. Ja, könnte ich nur wenigstens angemessene Reue zeigen für das, was ich getan! Könnte ich durch anhaltende Reue und Zerknirschung jene Wunde, die man Dir geschlagen hat, nur einigermaßen gutmachen. Den Schmerz, den Du einen Augenblick lang an Deinem Körper aushalten musstest, wie gerne wollte ich ihn – es wäre ja nur recht und billig – mein ganzes Leben lang in Herzenszerknirschung tragen und so, wenn nicht Gott, doch wenigstens Dir Genugtuung leisten.

8 Allein, lass mich die ganze Schwachheit meines geängsteten Herzens bekennen: Ich finde in mir nicht die Reue, mit der ich Gott versöhnen könnte; ja, ich muss ihn vielmehr ob jener Kränkung für immer der größten Grausamkeit zeihen, wider seine Fügung reize ich ihn durch meine Widerspenstigkeit, statt ihn durch reuige

Bußfertigkeit zu begütigen. Denn mag des Leibes Kasteiung noch so heftig sein: Wie kann man da von wahrer Reue sprechen, wo das Herz noch am Willen zur Sünde festhält und in alten Sehnsüchten glüht? Es ist für jeden leicht, seine Sünden zu bekennen und sich selbst anzuklagen oder den Leib durch äußerliche Bußübung zu kasteien; aber unendlich schwer ist es, das Herz loszureißen von der Sehnsucht nach den höchsten Genüssen. Darum, wenn der fromme Hiob sagt: «Ich will meine Klage bei mir gehen lassen!», das heißt, ich will meine Zunge lösen und meinen Mund öffnen im Bekenntnis zur Anklage meiner Sünden – so fügt er mit Recht sogleich hinzu: «Ich will reden in der Betrübnis meiner Seele.» Der heilige Gregorius[138] erklärt diese Worte so:

> «Es gibt Leute, die mit lauter Stimme ihre Sünden bekennen, aber beim Sündenbekenntnis nicht zu seufzen verstehen, und fröhlich sprechen sie Dinge aus, über die sie weinen sollten. So ist es denn also nicht damit getan, dass man seine Sünden verurteilt und bekennt, sondern man muss sie in der Betrübnis seiner Seele bekennen, und diese Betrübnis muss ebendas bestrafen, was die vom Gewissen geleitete Zunge anklagt.»

9 Aber wie selten dieses bittere Gefühl wahrer Reue sich finde, das bemerkt der heilige Ambrosius[139], wenn er sagt: «Ich habe leichter Leute gefunden, die ihre Unschuld unverletzt bewahrt, als solche, die Buße getan haben.» Aber jene Wonnen der Liebenden, die wir miteinander genossen, waren mir so süß, dass sie mir weder missfallen noch eben aus dem Gedächtnis schwinden können. Wohin ich mich wende, immer stehen sie mir vor Augen und wecken sehnsüchtiges Verlangen. Nicht einmal in meinem Schlummer verschonen mich die lockenden Fantasien. Mitten im feierlichen Hochamt, wo das Gebet reiner sein soll als sonst, haben mein armes Herz so ganz jene wollüstigen Fantasiegebilde eingenommen, dass ich nur für ihre Lüsternheiten offen bin, nicht für das Gebet. Die ich aufstöhnen müsste über das Begangene, seufze lieber nach dem Vergangenen.

Und nicht allein, was wir getan, sondern auch die Orte, die Stunden, in denen wir es getan, haben sich so fest meinem Herzen eingeprägt, dass ich immer wieder aufs Neue alles mit Dir durchlebe und auch, wenn ich schlafe, mich nicht von ihnen löse. Dann und wann werden schon allein durch eine Bewegung des Körpers meines Herzens Gedanken verraten und halten sich nicht zurück von unbedachten Worten. O ich wahrhaft Elende, die ich jenen Seufzer einer jammervollen Seele verdiene: «Ich unglückseliger Mensch, wer wird mich erlösen von dem Leibe dieses Todes?»[140] O könnte ich auch die darauffolgenden Worte aus vollem Herzen nachsprechen: «Die Gnade Gottes durch Jesum Christum, unsern Herrn.»[141]

10 Dir, mein Geliebter, ist die göttliche Gnade zuvorgekommen und hat Dich auf einmal von all diesen Anfechtungen befreit, durch eine körperliche Wunde hat sie Dich aller Seelenleiden enthoben und geheilt; und worin Gott Dir feindlicher gesinnt scheint, zeigt er sich Dir gnädiger, nach Art eines guten Arztes, der um der Rettung willen den Schmerz nicht erspart. Bei mir dagegen haben die Reizungen des Fleisches zur Begierde schon die aufgestachelte Glut meines jungen Blutes und die Erfahrung wonnevollster Genüsse entfacht. Und je schwächer die Natur ist, gegen die sie anstürmen, desto leichter überwältigen sie mich durch ihren Ansturm. Man preist mich keusch, weil man die Heuchlerin nicht entdeckt. Man rechnet mir die Reinheit des Fleisches als Tugend an, aber nicht Reinheit des Leibes, sondern die der Seele ist Tugend! Bei den Menschen habe ich ein gewisses Ansehen, vor Gott aber, der Herz und Nieren prüft und ins Verborgene sieht,[142] habe ich kein Verdienst. Man nennt mich fromm zu einer Zeit, in der nur der geringste Teil der Frömmigkeit keine Heuchelei ist; wo der mit höchsten Lobsprüchen gepriesen wird, der im menschlichen Urteil keinen Anstoß erregt.

Es ist ja wohl lobenswert und vor Gott gewiss angenehm, wenn jemand, ganz gleich was für eine Gesinnung er sonst habe, nicht durch das Beispiel einer äußeren Handlung der Kirche Ärgernis bereitet, dass nicht um seinetwillen der Name Gottes gelästert werde unter den Heiden oder dass bei den Kindern der Welt nicht sein heiliger Stand entehrt werde. Aber auch das ist eigentlich nur ein Geschenk der göttlichen Gnade; von ihr allein kommt uns die Gabe, das Gute zu tun und das Böse zu lassen. Vergeblich aber geht dieses vorweg, wenn jenes nicht nachfolgt; denn es steht geschrieben: «Wende dich ab vom Bösen und tue das Gute.»[143] Und beides ist wiederum vergeblich, wenn es nicht aus Liebe zu Gott getan wird.

11 Ich aber habe – Gott weiß es – mich in jeder Lebenslage mehr davor gescheut, Dich zu beleidigen, als Gott. Du bist es, dem ich gefallen will, nicht ihm. Dein Befehl hat mich zur Tracht der

Frömmigkeit gezogen, nicht die Liebe zu Gott. Ach sieh, welch unglückliches, welch allerjämmerlichstes Leben ich führe, wenn alles, was ich leide, umsonst ist und mich in der Zukunft keine Belohnung erwartet. Auch Dich hat, gleich vielen anderen, meine Verstellung getäuscht, und Du hast meine Heuchelei für Frömmigkeit gehalten. Darum empfiehlst Du Dich so dringend für mein Gebet und verlangst von mir, was ich von Dir erwarte. Ich beschwöre Dich, Du sollst keine so hohe Meinung von mir haben, damit Du nicht säumst, mir mit Deinem Gebet zu helfen! Halte mich nicht für gesund, damit Du mir nicht die Wohltat Deiner Arznei entziehst! Glaube nicht, ich brauche nichts, damit Du nicht zögerst, mir in meiner Not zu helfen! Glaube nicht an meine Stärke: Ich möchte sonst stürzen, ehe Du die Fallende halten könntest! Vielen hat schon falsches Lob geschadet und ihnen die Stütze genommen, die sie brauchen. Durch den Mund des Jesaja ruft der Herr: «Mein Volk, die dich seligpreisen, verführen dich und zerstören den Weg, den du gehen sollst.»[144] Und bei Ezechiel heißt es: «Wehe euch, die ihr Kissen machet den Leuten unter die Arme und Pfühle zu den Häuptern, beides Jungen und Alten, die Seele zu fangen.»[145]

Dagegen heißt es bei Salomo: «Die Worte der Weisen sind Spieße und tief eingeschlagene Nägel»,[146] die nicht Wunden ritzen, sondern reißen.

Ich bitte Dich, verstumme mit Deinem Lob, damit Du Dich nicht dem Vorwurf niedriger Schmeichelei oder der Anschuldigung der Lüge aussetzt. Oder wenn Du wirklich glaubst, dass etwas Gutes an mir sei: dass ja nicht der Hauch der Eitelkeit das Lob selbst verwehe. Kein erfahrener Arzt beurteilt eine innere Krankheit bloß nach dem Befund des äußerlichen Zustandes. Leistungen, die Verworfenen gemeinsam sind mit Auserwählten, haben vor Gott keinen Wert. Derart sind aber die äußerlich guten Werke, und nicht die Heiligen sind eifrig darauf bedacht, sondern die Heuchler. «Es ist das Herz ein trotziges und unerforschliches Ding, wer kann es ergründen?»[147] Ferner: «Es gefällt manchem ein Weg wohl; aber endlich bringt er ihn zum Tode.» – «Voreilig ist des Menschen Urteil über etwas, das allein dem Urteil Gottes vorbehalten ist.»[148] Darum steht auch geschrieben: «Man soll keinen Menschen loben während seines Lebens.»[149] Das heißt so viel wie: Lobe keinen Menschen, solange Du ihn durch Dein Lob nicht lobenswert machen kannst.

12 Für mich selbst ist ein Lob von Dir umso gefährlicher, je angenehmer es mir ist; und ich lasse mich von ihm umso mehr verlocken und umschmeicheln, je mehr ich Dir in allem gefallen möchte. Ich bitte Dich: Fürchte allzeit eher um mich, als mir zu vertrauen, damit ich durch Deine Sorge allezeit unterstützt werde. Und jetzt hast Du ganz besonders um mich zu fürchten, weil meine Hemmungslosigkeit bei Dir keine Heilung mehr finden kann. Sage mir nicht, indem Du mich zur Tugend mahnst und zum Kampf aufforderst: «Die Kraft ist in den Schwachen mächtig»[150], oder: «Niemand wird gekrönt, er kämpfe denn recht».[151] Ich verlange keine Siegeskrone; es ist mir genug, der Gefahr zu entgehen. Es ist leichter, der Gefahr aus dem Weg zu gehen, als den Kampf aufzunehmen. Welchen Winkel seines Himmels Gott mir anweisen will – er wird mich zufriedenstellen. Dort wird keiner den andern beneiden, jeder wird mit dem, was er hat, sich begnügen. Um diesem meinem Rat durch eine Autorität Nachdruck zu verleihen, wollen wir den heiligen Hieronymus hören: «Ich gestehe meine Schwachheit ein, ich will nicht kämpfen in der Hoffnung auf Sieg, damit ich des Sieges nicht verlustig gehe ... Sollten wir Sicheres aufgeben und Unsicherem nachjagen?»

FÜNFTER BRIEF
Abaelard an Heloïse

An die Braut Christi – der Knecht Christi

1 Dein letzter Brief zerfällt, soweit ich mich erinnere, der Hauptsache nach in vier Abschnitte, in denen Du Deiner Erschütterung über die Dir angetane Kränkung Ausdruck verleihst. Fürs Erste klagst Du darüber, dass in der Anrede meines Briefes Dein Name vor den meinen gesetzt sei, was nicht dem Brauch im Briefverkehr entspreche, ja sogar der natürlichen Ordnung der Dinge zuwiderlaufe. Zum Zweiten, dass ich Euch, denen ich des Trostes Arznei hätte reichen müssen, die Trostlosigkeit noch gesteigert habe und dass ich Tränen, die ich hätte stillen müssen, noch hervorgelockt habe, indem ich jenes Wort hinzufügte: «Sollte mich der Herr in die Hände meiner Feinde fallen lassen, und sei's, dass sie mich überwältigen und töten usw.» Zum Dritten fährst Du fort mit jener alten und andauernden Klage gegen Gott über die Art und Weise unserer Bekehrung und über die Grausamkeit des an mir begangenen Verrats. Endlich erhebst Du wegen des Lobs, das ich Dir gespendet habe, eine Anklage wider Dich selbst mit der nicht gerade maßvollen Bitte, ich solle in Zukunft keine so hohe Meinung mehr von Dir haben.

2 Ich habe beschlossen, Dir nun auf jeden einzelnen dieser Punkte zu antworten, nicht so sehr zu meiner Entschuldigung wie zu Deiner Belehrung oder Ermahnung, und ich denke, Du wirst meinen Forderungen umso bereitwilliger beipflichten, je mehr Du einsehen lernst, wie berechtigt sie sind. Du wirst in Deinen Anliegen umso mehr auf mich hören, je weniger tadelnswert Du mich in den meinen finden wirst, und umso mehr wirst Du Dich scheuen, mich zu missachten, je weniger ich, wie Du sehen wirst, Tadel verdiene.

3 Was nun zunächst die, wie Du behauptest, verkehrte Reihenfolge der Namen in der Anrede meines Briefes betrifft, so stimmt sie, wenn Du näher zusiehst, mit Deiner eigenen Ansicht überein. Hast Du doch auf das, was allen einleuchtet, selbst hingewiesen, nämlich dass, wenn man an Höhergestellte schreibt, deren Namen vorangestellt werden. Bedenke, dass Du über mir stehst seit der Zeit, da Du als die Braut meines Herrn meine Herrin geworden bist, wie auch der heilige Hieronymus an Eustochium[152] schreibt: «Darum schreibe ich: meine Herrin. Denn Herrin muss ich nennen die Verlobte meines Herrn.»

4 Glücklicher Tausch des Ehebundes, der Dich, einstmals die Gattin eines armen elenden Menschen, nun in das Brautgemach des Königs aller Könige erhebt und Dich durch dieses Ehrenvorrecht nicht allein über Deinen bisherigen Gatten, sondern über alle Knechte dieses Königs erhöht. Darum wundere Dich nicht, wenn ich mich im Leben und Sterben Deinen Fürbitten anvertraue; denn nach dem allgemeinen Recht gilt ja bei den Herren des Hauses die Fürsprache der Braut mehr als diejenige des Gesindes, die Herrin mehr als die Knechte. Als das Urbild solcher Frauen wird uns jene Königin und Braut des höchsten Königs sorgfältig beschrieben, wenn es im Psalm heißt: «Die Braut steht zu deiner Rechten.»[153] Weiter ausgeführt will dies besagen: «Sie steht mit ihm Seite an Seite, schließt sich eng vertraut an ihren Bräutigam und schreitet neben ihm einher, während alle anderen sich sozusagen in weitem Abstand aufstellen oder nachfolgen.»

5 Über die Auszeichnung mit diesem Vorrecht frohlockt die Braut im «Hohenlied», jene

Äthiopierin, die Mose geheiratet hat:[154] «Ich bin schwarz, aber lieblich, ihr Töchter Jerusalems; darum hat mich der König geliebt und in seine Kammer geführt». Und weiter: «Sehet mich nicht an, dass ich so schwarz bin, denn die Sonne hat mich so verbrannt.»[155] Mit diesen Worten wird zwar im Allgemeinen die betrachtende Seele beschrieben, die im Besonderen auch die Braut Christi genannt wird; aber noch deutlicher bezeugt es das Gewand, das Ihr tragt, dass sich dies auf Euch bezieht. Denn die Tracht Eurer schwarzen oder groben Gewänder, ähnlich dem Trauergewand der frommen Witwen, die um die Männer, die sie geliebt hatten, trauern, bezeugt, dass Ihr nach dem Apostel[156] untröstliche Witwen in dieser Welt seid, die von den Almosen der Kirche leben müssen. Von der Trauer solcher Witwen um ihren getöteten Bräutigam spricht die Schrift, wenn sie sagt: «Frauen saßen am Grab und weinten und klagten um den Herrn.»[157]

6 Die Äthiopierin weist allerdings äußerlich an ihrem Fleisch schwarze Farbe auf, und soweit es das Äußere betrifft, erscheint sie hässlicher als die übrigen Frauen. Aber an inneren Vorzügen steht sie ihnen nicht nach; ja einiges an ihr ist sogar schöner und weißer als bei den andern, etwa ihre Knochen und ihre Zähne. Die weiße Farbe der Zähne wird ja auch von ihrem Geliebten gefeiert, der sagt: «Und ihre Zähne sind weißer als Milch.»[158] Sie ist also im Äußeren schwarz, im Innern aber lieblich und schön. Denn die vielfachen Widerwärtigkeiten und Anfechtungen in diesem Leben haben sie körperlich angegriffen und lassen sie gewissermaßen am Fleisch äußerlich schwarz erscheinen nach jenem Wort des Apostels: «Alle, die gottselig leben wollen in Christo Jesu, müssen Verfolgung leiden.»[159] Wie nämlich durch die weiße Farbe das Glück, so wird ganz passend durch die schwarze das Unglück bezeichnet. Im Innern aber, gleichsam an den Gebeinen, ist sie weiß, weil ihre Seele an Tugenden reich ist, wie geschrieben steht: «Des Königs Tochter ist inwendig ganz herrlich.»[160] Denn die Gebeine, die im Innern sind und nach außen von Fleisch umgeben werden, bilden die Kraft und Stärke ebendes Fleisches, das sie stützen und tragen, und stellen so angemessen die Seele dar, die das Fleisch, in dem sie wohnt, belebt, aufrechterhält, bewegt und lenkt und all ihre Kraft ihm mitteilt. Weiße und Schönheit der Seele sind die Tugenden, mit denen sie sich schmückt. Im Äußeren ist freilich auch sie schwarz, denn während sie ihre Pilgerfahrt noch durchmisst in der Fremde, hält sie sich unscheinbar und gering in diesem Leben, damit sie dereinst in jenem andern Leben, das mit Christus in Gott verborgen ist, erhöht wird, wenn sie die Heimat erreicht hat. Die wahre Sonne aber verfärbt sie, wenn die Liebe ihres himmlischen Bräutigams sie demütigt und mit schmerzlichen Anfechtungen heimsucht, damit sie ihres Glückes sich nicht überhebe.

Die Sonne verfärbt sie, das heißt, sie macht sie den anderen Frauen unähnlich, die nur nach irdischem Gut lechzen und den Ruhm der Welt suchen, so wird sie durch ihre Demut in Wahrheit die Lilie im Tale und nicht eine Lilie der Berge[161] wie jene törichten Jungfrauen,[162] die auf ihre fleischliche Reinheit und äußerliche Keuschheit eitel sind in ihrem Innern, aber dabei in der Glut ihrer Begierden verschmachten.

7 Mit gutem Recht aber redet sie die Töchter Jerusalems, also die im Glauben Schwachen – sie verdienen daher den Namen «Töchter», nicht «Söhne» –, mit den Worten an: «Sehet mich nicht an, dass ich so schwarz bin, denn die Sonne hat mich so verbrannt»; als wollte sie, deutlicher gesagt, aussprechen: «Dass ich mich demütige und alle Widerwärtigkeiten so männlich trage, ist nicht mein Verdienst, sondern das Gnadenge-

schenk dessen, dem ich diene.» Ganz anders die Häretiker und die Heuchler: Vor dem Angesicht der Menschen pflegen sie sich in der Hoffnung auf irdischen Ruhm demütig zu gebärden und vieles unnütz zu ertragen. Über eine solche Demut und Selbstpeinigung, die sie ertragen, kann man sich nur sehr wundern, denn diese Menschen sind ja bedauernswerter als alle anderen, da sie weder die Güter dieses Lebens noch die des zukünftigen genießen. Dies also erwägt die Braut und sagt: «Wundert euch nicht, dass ich also tue.» Wundern muss man sich vielmehr über jene, die, vergeblich glühend vor Begierde nach irdischem Ruhm, sich doch alle irdischen Güter vorenthalten und die darum hienieden so elend sind wie dereinst in Zukunft. Ihre Enthaltsamkeit ist wie die der törichten Jungfrauen,[163] vor denen die Tür zugeschlossen wurde.

8 Mit Recht sagt sie auch, dass sie, weil schwarz und lieblich, vom König geliebt und in seine Kammer geführt worden sei, also in die geheimnisvolle Ruhe der Betrachtung, und in jenes Bett, von dem sie an anderer Stelle sagt: «Ich suchte des Nachts in meinem Bette, den meine Seele liebt.»[164] Denn die Schwärze, ihre Verunstaltung, liebt mehr das Verborgene als die Öffentlichkeit, mehr die Einsamkeit als große

Gesellschaft. Ein solches Weib wird auch die verschwiegenen Freuden mit ihrem Mann eher ersehnen als alle öffentlichen; sie wird lieber im Ehebett gespürt als bei Tische gesehen werden wollen.

Vielfach ist das Fleisch dunkelfarbiger Frauen zwar weniger ansehnlich für das Auge, aber umso reizvoller bei der Berührung, und darum ist die Lust an ihnen in der Einsamkeit größer und süßer als in der Öffentlichkeit; und um sie zu genießen, führen die Männer solche Frauen lieber in das Schlafgemach hinein als in die Gesellschaft hinaus.

Nachdem die Seelenbraut in dieser bildlichen Weise die Worte vorausgeschickt hat: «Ich bin schwarz, aber lieblich»,[165] fügt sie gleich hinzu: «Darum hat mich der König geliebt und in seine Kammer geführt», und bezieht so die einzelnen Worte einzeln aufeinander: «Weil ich schön bin, hat er mich geliebt – weil schwarz, hat er mich in die Kammer geführt.» – «Schön» bezieht sich, wie schon gesagt, auf ihre inneren Vorzüge, die der Bräutigam liebt; «schwarz» auf die leiblichen Anfechtungen und Widerwärtigkeiten. Diese Schwärze, das heißt diese körperlichen Anfechtungen, reißt das Herz der Gläubigen unwillkürlich los von der Liebe zum Irdischen, erhebt es zur Sehnsucht nach dem ewigen Leben und lenkt es oft von der Unruhe des Weltlebens zur Stille der Betrachtung. So ging es – dies schreibt der heilige Hieronymus – auch dem Paulus, dem Begründer unseres klösterlichen Lebens.

Auch die Dürftigkeit unserer ärmlichen Ordenstracht verlangt mehr nach Einsamkeit als nach Öffentlichkeit, und zwar besonders nach Rauheit und Abgeschiedenheit des Ortes, wie sie zu unserer Regel passt. Denn nichts verlockt so sehr dazu, sich in der Öffentlichkeit zu zeigen, als eine kostbare Gewandung. Und dass man eine solche begehre einzig und allein um der nichtigen Eitelkeit und Großtuerei vor der Welt willen, bestätigt schon der heilige Gregorius mit den Worten: «Niemand schmückt sich für die Einsamkeit, sondern um sich sehen zu lassen.»

9 Das oben genannte Brautgemach ist jene Kammer, in die uns der Bräutigam im Evangelium selbst zum Gebet einlädt mit den Worten: «Wenn du aber betest, so geh in dein Kämmerlein und schließ die Tür zu und bete zu deinem Vater»,[166] als wollte er sagen: «nicht auf den Gassen und Märkten wie die Heuchler». Mit der Kammer meinte er also einen einsamen, dem Lärm und den Augen der Welt entrückten Ort, wo man gesammelter und reiner beten kann als anderswo. Das trifft zu auf die Stille der klösterlichen Zurückgezogenheit; auch da sollen wir die Tür schließen, also alle Zugänge sperren, damit die Reinheit unseres Gebetes nicht durch einen Zufall gestört werde und unser Auge nicht unsere arme Seele verführe. Noch immer ertragen wir es schwer, dass es unter denen, die unser Gewand tragen, so viele Verächter dieses Rates oder vielmehr dieser göttlichen Vorschrift gibt. Wenn sie das heilige Hochamt feiern, sperren sie Türen und Chöre auf und geben sich ohne Scham öffentlich den Blicken der Frauen wie der Männer preis, und zwar besonders dann, wenn sie während der hohen Feste vor den Laien, denen sie sich zeigen, wie diese im glänzenden Schmuck ihrer Gewänder prahlen. Nach ihrer Meinung ist ein Fest umso schöner, je reicher es in seiner äußeren Ausstattung und je üppiger es in seinen Mählern ausfällt. Über die unselige Verblendung dieser Leute, die Christi Religion der Armen ganz und gar widerspricht, zu schweigen ist umso ehrenhafter, je blamabler es ist, darüber zu reden. Ganz in jüdischer Weise folgen sie anstelle der Regel ihrer eigenen Gewohnheit und haben Gottes Gebot zunichtegemacht durch Menschensatzungen;[167] sie fragen nicht danach, was verpflichtet, sondern was üblich ist. Und doch – der heilige Augustinus erinnert daran –, der Herr hat gesagt: «Ich bin die Wahrheit»,[168] nicht: «Ich bin die Gewohnheit».

Ihrem Gebet, das bei offener Tür verrichtet wird, mag sich anbefehlen, wer da will. Ihr aber, liebe Schwestern, die Ihr, eingeführt in das Gemach des himmlischen Königs und in seinen Armen ruhend, bei allezeit verschlossener Tür Euch ihm ganz hingebt: Je inniger Ihr Euch mit ihm vereinigt – nach dem Wort des Apostels: «Wer dem Herrn anhanget, ist ein Geist mit ihm»[169] –, desto reiner und wirksamer, das glaube ich fest, wird Euer Gebet sein, und darum bitten wir Euch umso dringender um seinen Beistand, und ich meine, Ihr müsst es umso andächtiger verrichten, je größer die Liebe ist, in der wir verbunden sind.

10 Ich habe Euch ferner durch die Erwähnung der Gefahr, in der ich schwebe, und des Todes, den ich fürchte, aufgeregt; allein ist das auf Deine eigene Aufforderung, ja, auf Deine dringende Bitte hin geschehen. In dem ersten Brief, den Du an mich gerichtet hast, heißt es an einer Stelle folgendermaßen:

> Darum im Namen dessen, der Dich bisher aus allen Gefahren für sich gerettet hat, im Namen Jesu Christi beschwören wir Dich, Du mögest seinen und Deinen Dienerinnen durch häufigere Nachricht Gewissheit zu verschaffen geruhen über die Katastrophen, in denen Du jetzt noch umhertreibst: So wirst Du wenigstens an uns, die wir allein Dir treu geblieben, Genossinnen Deiner Leiden und Deiner Freuden haben. Denn einem Trauernden bringen jene keinen geringen Trost, die mittrauern, und jede Last wird, wenn sie vielen auferlegt ist, leichter getragen oder fortbewegt.

Warum also wirfst Du mir vor, dass ich Euch in meine Angst eingeweiht habe, da Du mich doch selbst so dringend dazu aufgefordert hast? Ziemte es sich etwa, dass Ihr bei meiner so tiefen Verzweiflung an einem Leben, das mich quält, Euch noch freut? Wollt Ihr nur Genossinnen meiner Freude, nicht auch meines Leides sein, wollt Ihr Euch nur mit den Freuenden freuen, nicht auch weinen mit den Weinenden?[170] Keinen größeren Unterschied zwischen wahren und falschen Freunden gibt es, als dass jene im Unglück, diese nur im Glück sich uns anschließen. Ich bitte

Dich, höre auf mit solchen Vorwürfen und halte an Dich mit derartigen Klagen, die dem Innersten der Liebe so fremd sind. Auch wenn Du weiter daran Anstoß nimmst, bin ich doch einer so entscheidenden Gefahrensituation ausgesetzt und dazu noch meiner täglichen Verzweiflung am Leben, dass ich verpflichtet bin, das Heil meiner Seele zu sichern und mich darum, solange es möglich ist, zu kümmern. Und Du wirst mir diese Besorgnis gewiss nicht übel nehmen, wenn Du mich wirklich liebst. Ja, wenn Du aus der göttlichen Barmherzigkeit irgendeine Hoffnung für mich schöpfen könntest, dann solltest Du mir umso lebhafter wünschen, von den Mühsalen dieses Lebens befreit zu werden, je mehr Du erkennst, wie unerträglich sie für mich geworden sind. Du weißt ja, dass jeder, der mich aus diesem Leben befreit, mich den größten Qualen entreißt. Welchen ich zukünftig verfallen werde, ist ungewiss; aber von welchen ich erlöst werde, das ist unstreitig. Jedes elende Leben hat ein willkommenes Ende, und wer wirklich mit den Ängsten anderer mitfühlt und mitleidet, der erhofft sich, dass sie enden; sogar in dem Fall, dass jemand den, den er leiden sieht, wahrhaft liebt, soll er trotz des eigenen Verlustes doch nicht für sich selbst das Beste wünschen, sondern für den anderen. So wird selbst eine Mutter ihrem langsam hinsiechenden Kind wünschen, dass der Tod das Siechtum ende, da sie es nicht mehr aushalten kann; lieber erträgt sie den Verlust ihres Kindes, als dass sie es als Schicksalsgenossen in ihrem Elend behalten möchte. Und wenn sich jemand noch so gern der Gegenwart eines Freundes erfreuen möchte, so will er ihn doch lieber in der Ferne glücklich wissen als unglücklich in der Nähe; denn man vermag denen nicht zu helfen, deren Nöte man nicht aushalten kann. Dir ist nicht erlaubt, meine Gegenwart, selbst eine unbefriedigende, zu genießen. Ich sehe deshalb nicht ein, warum Du mich lieber tiefunglücklich leben als glücklicher sterben lassen willst, es sei denn, Du wolltest Deine Lust an mir büßen. Wünschst Du aber nur für Deine Interessen meine Leiden zu verlängern, dann bist Du meine Feindin und nicht meine Freundin. Willst Du diesen Anschein vermeiden, dann, ich beschwöre Dich noch einmal, höre auf mit diesen Klagen.

11 Dass Du mein Lob missbilligst, billige ich; denn Du zeigst Dich dadurch nur umso lobenswerter. Es steht ja geschrieben: «Der Gerechte klagt sich selber zuerst an»,[171] und: «Wer sich selbst erniedrigt, der soll erhöht werden».[172]

Möge es in Deinem Herzen auch wirklich so aussehen, wie Du schreibst! Ist dem wirklich so, dann ist Deine Demut echt und kann vor meinen Worten nicht vergehen. Aber sieh doch ja zu, dass Du nicht eben, indem Du das Lob scheinbar vermeiden willst, vielmehr nach Lob trachtest, und das, was Du mit dem Mund zurückweist, im Herzen begehrst. Der heilige Hieronymus schreibt darüber unter anderem an die Jungfrau Eustochium Folgendes: «Wir lassen uns durch unser böses Geblüt verleiten. Unseren Schmeichlern sind wir nur zu gerne gewogen; wir beteuern wohl unsere Unwürdigkeit, und eine recht verschlagene Schamröte überströmt unser Gesicht, aber dennoch frohlockt unser innerstes Herz über das uns gespendete Lob.» Ähnlich beschreibt Virgil[173] die Schlauheit der lüsternen Galathea, die das, was sie wollte, durch die Flucht zu erlangen suchte und den Geliebten durch den Schein der Zurückweisung nur noch verliebter in sie machte. «Flüchtet sich ins Gebüsch und hofft, sie werde vorher gesehen.» Ehe sie sich versteckt, möchte sie noch flüchtend von ihm gesehen werden; die Flucht selbst, durch die sie die Umarmung des Jünglings zurückzuweisen scheint, soll sie nur eher herbeiführen. So scheinen auch wir oftmals das Lob der Menschen zu fliehen und lenken es eben dadurch nur noch mehr auf uns, und während wir so tun, als wollten wir unbemerkt bleiben, damit niemand etwas an uns zu loben finde, stacheln wir ahnungslose Menschen nur noch mehr zu unserem Lob auf, weil wir dadurch dieses Lobes umso würdiger scheinen. Dies sage ich nur, weil es in der Welt gar häufig so zugeht, und nicht etwa, weil ich Dir so etwas zutrauen würde, denn an Deiner Demut zweifle ich nicht. Ich möchte nur, dass Du Dich auch dieser Worte enthältst, damit Du nicht vor denen, die Dich nicht näher kennen, so erscheinst, als wolltest Du, um mit Hieronymus zu sprechen, «Ruhm suchen, indem Du vor ihm fliehst». Mein Lob wird Dich gewiss nicht aufblähen, sondern es wird Dich nur zum Besseren antreiben, und Du wirst Dich umso eifriger an das, was ich gelobt habe, klammern, je mehr Du mir zu gefallen trachtest. Mein Lob ist für Dich noch kein Ausweis für Frömmigkeit, sodass Du Dir deshalb nicht irgendeine Überheblichkeit herausnehmen dürftest. Die Anerkennung der Freunde darf man nicht allzu hoch veranschlagen, so wenig wie den Tadel der Feinde.

12 Schließlich bleibt noch dies: Ich komme nun, wie ich sagte, auf Deine alte und andauernde Klage über die Art und Weise unserer Bekehrung zu sprechen, durch die Du Dir erlaubst, Gott zu beschuldigen, anstatt, wie es sich ziemte, ihn zu preisen. Ich hätte gedacht, diese Verbitterung Deines Herzens sei längst gewichen vor der so offenbaren Fügung der göttlichen Barmherzigkeit. Je gefährlicher sie für Dich ist, weil sie Dir Leib und Seele zugleich zermürbt, desto beklagenswerter und für mich belastender ist sie. Wenn Du, wie Du bekennst, danach strebst, mir in allem gefällig zu sein, so lege sie ab, weniger deshalb, um mich nicht zu quälen, sondern vielmehr: um mir außerordentlich gefällig zu sein; denn mit ihr kannst Du mir nicht gefällig sein und mit mir auch nicht zur ewigen Seligkeit gelangen. Könntest Du's ertragen, wenn ich ohne Dich dorthin ginge, ich, dem Du, wie Du bekennst, selbst in die Hölle nachfolgen wolltest? Strebe wenigstens deshalb nach Frömmigkeit, dass Du nicht von mir getrennt werdest, wenn ich, wie Du glaubst, zu Gott eile, und umso bereitwilliger, je glückseliger der Ort ist, an den wir gehen müssen, auf dass unsere Gemeinschaft umso gesegneter sei, je glücklicher sie ist.

13 Erinnere Dich dessen, was Du gesagt, bedenke, was Du geschrieben hast über die Art und Weise unserer Bekehrung; je feindseliger

Gott, wie man meint, mir entgegentritt, umso gnädiger habe er sich mir, wie es ja offenbar ist, erwiesen. Lass Dir seinen Ratschluss wenigstens eingedenk dessen gefallen, dass er zu meinem Heil gedient hat; ja, nicht bloß zu meinem, sondern gleicherweise auch zu Deinem Heil: Das wirst Du einsehen, wenn die Übermacht Deines Schmerzes Dir erst wieder vernünftige Überlegung gestattet. Bedauere nicht, die Ursache einer so großen Wohltat zu sein, und bezweifle nicht, dass Du eben dafür von Gott erschaffen bist. Klage nicht darüber, dass ich dies zu leiden hatte, außer wenn Dich die Gnadengaben aus den Leiden der Märtyrer und aus dem Tod des Herrn bedrücken. Wenn mir dies zu Recht zugestoßen wäre, würdest Du es dann geduldiger tragen, würde es Dich weniger empören? Wahrhaftig, wäre es so, dann träte auf diese Weise ein, was für mich noch schändlicher, für meine Feinde triumphaler wäre, weil ihnen die Gerechtigkeit einen Triumph und mir die Schuld Verachtung einbrächte: Niemand würde mehr anklagen, was mir zugestoßen ist, oder sich vom Mitleid mit mir rühren lassen.

14 Um indes auf diese Art die Bitterkeit dieses Schmerzes noch weiter zu besänftigen, will ich zeigen, dass das, was uns zugestoßen ist, ebenso gerecht wie heilsam für uns war und dass Gott uns mit vollem Recht strafte, als wir verheiratet waren, und nicht, während wir Unzucht trieben. Du erinnerst Dich: Als Du nach unserer Verheiratung bei den Nonnen im Kloster Argentueil lebtest, kam ich eines Tages im Geheimen, um Dich zu besuchen, und Du weißt wohl noch, was dort die Unbändigkeit meiner Leidenschaft mit Dir trieb, und zwar in einem Winkel des Refektoriums, da wir sonst keinen Ort hatten, wohin wir uns hätten zurückziehen können. Du weißt, dass damals unser Tun den ehrwürdigen, der Heiligen Jungfrau geweihten Ort geschändet hat. Dies allein hätte schon eine viel schwerere Strafe verdient, abgesehen von allen unseren früheren Sünden. Was soll ich unser früheres, unzüchtiges Treiben und die schamlosesten Besudelungen erwähnen, die unserer Ehe vorhergingen? Soll ich erinnern an den ärgsten Verrat, mit dem ich um Deinetwillen Deinen Oheim schändlich betrog, mit dem ich so lange unter einem Dach gelebt hatte? Muss nicht jedermann zugeben, dass ich mit vollem Recht von dem Mann verraten wurde, den ich vorher selbst so schamlos verraten hatte? Glaubst Du, der kurze Schmerz meiner damaligen Verwundung genüge für solche Vergehen? Vielmehr: Habe ich mit solchen Sünden so viel Gnade verdient? Glaubst Du etwa, dieser Schlag konnte der göttlichen Gerechtigkeit Genüge tun für eine solche Schändung des, wie ich sagte, der Mutter Gottes geweihten Ortes? Nun, wenn mich nicht alles täuscht, so diente nicht so sehr jener überaus heilsame Schlag zur Buße dieser Sünden, sondern all jene, die ich jetzt noch täglich ohne Ende erdulde.

Du erinnerst Dich auch wohl noch daran, wie ich Dich damals, als Du schwanger warst, in meine Heimat gebracht habe, und zwar, um den Schein zu erwecken, als seist Du eine Nonne, angetan mit dem heiligen Gewand; durch einen solchen Betrug habe ich damals ehrfurchtslos den heiligen Stand verhöhnt, dem Du jetzt angehörst. Bedenke daher auch, wie angemessen Dich die göttliche Gerechtigkeit, ja, vielmehr die göttliche Gnade gegen Deinen Willen in den Stand versetzt hat, den zu verhöhnen Du Dich nicht gescheut hast: Sie wollte, dass Du in ebendem Gewand büßt, gegen das Du Dich vergangen hattest, und der wirkliche Verlauf der Dinge muss der Lüge und dem Betrug Heilung gewähren und die Falschheit ausmerzen.

15 Wenn Du zur göttlichen Gerechtigkeit uns gegenüber noch unseren Nutzen hinzunehmen willst, so kannst Du das, was Gott damals an uns getan hat, schon nicht mehr Gerechtigkeit, sondern nur noch Gnade nennen. Denke doch daran, Geliebte, wie uns der Herr mit den Netzen seiner Barmherzigkeit aus der Tiefe dieses so verderblichen Meers gefischt hat; ja, aus welchem Strudel der Charybdis hat er uns Schiffbrüchige gegen unsern Willen errettet, und wir beide scheinen zu Recht in jenen Ruf ausbrechen zu können: «Der Herr hat sich Sorge gemacht um meinetwillen.»[174] Denke daran und überdenke, in welche Gefahren wir uns hineinbegeben hatten und aus welchen der Herr uns entrissen hat; erzähle es allezeit mit innigem Dank, wie Großes der Herr an unserer Seele getan hat, und tröste mit unserm Beispiel alle Sünder, die an Gottes Güte verzweifeln wollen, auf dass alle erkennen, was denen zuteilwird, die flehen und bitten, da schon Sündern und Undankbaren solche Wohltaten erwiesen werden. Erwäge den höchsten Ratschluss der göttlichen Liebe über uns, wie barmherzig der Herr sein Gericht uns zur Besserung ausschlagen ließ und wie klug er selbst mit dem Bösen umging und unsere Gottlosigkeit göttlich richtete, sodass der vollkommen gerechte Schlag gegen einen Teil meines Leibes zwei Seelen geheilt hat. Vergleiche die Gefahr und die Art der Befreiung miteinander! Vergleiche die Krankheit und die Heilmittel! Sieh die Ursachen in unseren Verdiensten und bewundere die Wirkungen in der Barmherzigkeit!

16 Du weißt, welchen Schamlosigkeiten meine zügellose Begierde unsere Leiber preisgegeben hatte, sodass selbst in den Tagen der Passion unseres Herrn und an den höchsten Festen weder Schamgefühl noch Gottesfurcht mich vom Wälzen im Schmutz abhalten konnte. Ja, mehr als einmal habe ich Dich, selbst wenn Du nicht wolltest, obwohl Du ja von Natur aus schwächer warst, mit Drohungen und Schlägen gezwungen, mir zu Willen zu sein, auch wenn Du, sosehr Du konntest, Dich sträubtest und widersprachst. Denn so sehr kettete mich die Glut meiner Begierde an Dich, dass ich jene elenden Genüsse, deren Namen uns schon erröten macht, Gott und mir selbst vorzog; es war so weit gekommen, dass die göttliche Milde mich offenbar nicht mehr anders retten konnte als dadurch, dass sie mir diese Genüsse ohne irgendeine Hoffnung von Grund auf beschnitt. So bin ich vollkommen gerecht und milde, wenn auch durch den schmählichen Verrat Deines Oheims, auf dass ich in vielen anderen Stücken wüchse, um denjenigen Teil meines Körpers verkürzt worden, der der Sitz meiner Lust war und die Ursache meiner Begehrlichkeit. Es war also nur gerecht, dass das Glied getroffen wurde, das an mir dies alles begangen hatte, und dass es durch sein Leiden sühne, was es durch seine Freuden verschuldet hatte: Das hat mich an Leib und Seele von aller Unreinheit abgeschnitten, in die ich versunken war wie in einen Sumpf; und für den heiligen Dienst des Altars machte es mich umso tauglicher, als mich nun kein fleischliches Gelüst mehr störte. Wie milde hat Gottes Fügung mich nur an dem Glied leiden lassen wollen, dessen Verlust meiner Seele zum Heil diente und zugleich den Körper nicht entstellte; auch an der Ausübung meines Amtes hinderte sie mich in keiner Weise, sondern machte mich im Gegenteil zu jeglichem ehrbaren Tun desto tüchtiger, je mehr sie mich von dem schweren Joch der Begehrlichkeit befreite. Wenn mich also die göttliche Gnade von diesen verächtlichen Gliedern, die wegen der besonderen Schändlichkeit ihrer Verrichtungen Schamglieder heißen und nicht einmal mit ihrem eigentlichen Namen genannt werden können, eher gereinigt als mich ihrer beraubt hat: Was tat sie da anderes, als alles Schmutzige und Verächtliche zu entfernen, um Reinheit und Keuschheit zu retten.

17 Im heftigen Verlangen nach solcher Reinheit und Keuschheit haben einige weise Männer, so wird uns berichtet, selbst Hand an sich gelegt, um die Sünde der Begehrlichkeit in sich mit der Wurzel auszurotten. Man glaubt ja sogar von dem Apostel, er habe den Herrn um Befreiung von diesem Pfahl im Fleisch gebeten,[175] ohne jedoch erhört zu werden. Ein anderes Beispiel dafür ist jener große christliche Philosoph Origenes, der sich nicht scheute, selbst Hand an sich zu legen, um die Flamme in seinem Innern für immer zu ersticken.[176] Den Buchstaben folgend, hielt er wohl nur diejenigen für wahrhaft selig, die sich selbst verschneiden um des Himmelreichs willen, und mag geglaubt haben, dass nur solche Leute das Gebot wirklich erfüllen, die nach dem handeln, was der Herr über die Glieder, die uns ärgern, ausgesprochen hat: nämlich, dass man sie abhauen und von sich werfen solle.[177] Auch hat er offenbar jenes prophetische Wort des Jesaja wörtlich statt mystisch aufgefasst, nach dem der Herr die Eunuchen den übrigen Gläubigen vorzieht. Es lautet: «Den Verschnittenen, welche meine Sabbate halten und erwählen, was mir wohlgefällt, und meinen Bund fest fassen: Ich will ihnen in meinem Hause und in meinen Mauern einen Ort geben und einen bessern Namen denn den Söhnen und Töchtern; einen ewigen Namen will ich ihnen geben, der nicht vergehen soll.»[178] Dennoch hat Origenes nicht geringe Schuld auf sich geladen, da er durch die Sühne seines Leibes Heilung von Schuld suchte. Er eiferte um Gott,[179] gewiss aber nicht nach bestem Wissen, und so hat er die Schuld des Mordes auf sich geladen, indem er Hand an sich legte. Entweder war es teuflische Eingebung oder tiefster Wahn, was ihn trieb, das an sich zu vollstrecken, was die Barmherzigkeit Gottes an mir durch einen andern Menschen hat verüben lassen. Ich entgehe der Schuld, statt ihr zu verfallen. Ich verdiene den Tod und erlange das Leben. Ich werde gerufen, und ich widerstrebe. Ich beharre in meinen Sünden, und die Verzeihung wird mir gegen meinen Willen aufgenötigt. Der Apostel bittet und wird nicht erhört; er hält an mit Flehen und erlangt nichts. Wahrlich: «Gott hat sich Sorge gemacht um meinetwillen.» Darum will ich hingehen und verkünden, «wie große Dinge der Herr an mir getan hat»[180].

18 Tritt auch Du herzu, meine unzertrennliche Gefährtin, zum vereinten Dankgebet, die Du Sünde und Gnade mit mir geteilt hast. Denn auch Deines Heils vergisst der Herr nicht; vielmehr gedenkt er Deiner vor anderen; ja, indem er Dich mit seinem eigenen Namen, der Heloim[181] lautet, als Heloïse bezeichnet hat, wollte er schon durch Deinen Namen wie durch eine Art Prophezeiung vorzeichnen, dass Du in ganz besonderem Sinne sein Eigentum sein sollest. Er hat in seinem milden Rat beschlossen, in einem alle beide zu retten, während der Teufel uns in einem zu vernichten trachtete.

Denn ganz kurz, bevor das Ereignis eintrat, hatte er uns durch das unlösliche Band der heiligen Ehe miteinander verbunden, weil ich Dich begehrte, Dich, die ich über die Maßen liebte, für immer zu behalten; nein – vielmehr weil er selbst darauf hinwirkte, bei dieser Gelegenheit uns beide zu sich zu bekehren. Denn hätte Dich nicht schon die Ehe an mich gefesselt, Du hättest Dich bei meinem Rückzug aus der Welt leicht durch das Zureden Deiner Angehörigen oder durch die lockende Aussicht auf des Fleisches Lust an die Welt geklammert. Darum siehe, wie Gott sich um uns bemüht hat, als hätte er uns noch zu großen Dingen bestimmt, als wäre er unwillig oder bekümmert darüber, dass die reiche Gabe der Gelehrsamkeit und Wissenschaft, die er uns beiden verliehen, nicht zur Ehre seines Namens verwendet werde; oder als fürchte er, was über seinen zuchtlosesten Knecht geschrieben steht: «Die Weiber machen auch Weise abtrünnig»,[182] wie es vom hochweisen Salomo feststeht.

19 Welch reichliche Zinsen trägt das Pfund Deiner Weisheit Tag für Tag dem Herrn! Wie viele geistliche Töchter hast Du dem Herrn schon geboren, während ich gänzlich unfruchtbar bleibe und mich vergeblich abmühe mit den Kindern des Verderbens! Welch unheilvoller Verlust, welch beklagenswerter Schaden, wenn Du Dich den schmutzigen Lüsten des Fleisches hingegeben und mit Schmerzen wenige Kinder zur Welt gebracht hättest, die Du jetzt mit Freuden eine zahlreiche Schar für das Himmelreich gebierst. Ein Weib wärest Du geblieben wie alle andern, die Du jetzt hoch selbst über den Männern stehst, die Du Evas Fluch in den Segen der Maria gewandelt hast! Wie entweiht wären diese heiligen Hände, die jetzt nur die heiligen Bücher umblättern, dienten sie der Kleinlichkeit weiblicher Sorgen!

Gott selbst hat geruht, uns der Berührung mit diesem Kot und dem Suhlen in diesem Morast zu entreißen und uns zu sich zu ziehen mit jener Gewalt, durch die einst Paulus[183] erschüttert und bekehrt worden ist; vielleicht wollte er durch unser Beispiel auch andere, die in den Wissenschaften bewandert sind, von ähnlicher Überhebung abschrecken.

Darum, liebe Schwester, bitte ich: Lass Dich unser Geschick nicht anfechten, und werde dem Vater, der uns so väterlich zurechtgewiesen, nicht lästig! Denke an den Spruch: «Welchen der Herr lieb hat, den züchtigt er; er stäupt aber einen jeglichen Sohn, den er annimmt»,[184] und an den anderen: «Wer der Rute schont, der hasst seinen Sohn.»[185] Unsere Strafe ist eine zeitliche, nicht eine ewige, sie dient der Läuterung, nicht der Verdammung. Höre den Propheten und lass Dich stärken: «Der Herr geht nicht zweimal ins Gericht mit einer Sünde; es wird das Unglück nicht zweimal kommen.»[186] Nimm zu Herzen jene hohe und wichtige Mahnung dessen, der die Wahrheit selbst war: «So ihr geduldig seid, werdet ihr eure Seelen erretten.»[187] Daher auch Salomo spricht: «Ein Geduldiger ist besser als ein Starker und der seines Mutes Herr ist, besser als einer der Städte gewinnt.»[188]

20 Rührt Dich der eingeborene Gottessohn nicht zu Tränen und Trauer? Der Unschuldige, um Deinet- und aller Welt willen von den Sündern ergriffen, vor den Richter geschleppt, gegeißelt, verhöhnt, ins verhüllte Angesicht geschlagen, angespien, mit Dornen gekrönt und zuletzt am Schandpfahl des Kreuzes unter Mördern aufgehängt wurde und jenen schauderhaften und fluchwürdigen Tod starb? Ihn, liebe Schwester, Deinen und der ganzen Kirche wahrhaftigen Bräutigam, habe stets vor Augen und trage ihn im Herzen. Sieh auf ihn, wie er hinausgeht, um für Dich sich kreuzigen zu lassen, und wie er selbst sein Kreuz trägt. Mische Dich unter das Volk und die Frauen, die um ihn weinten und klagten, wie Lukas erzählt: «Es folgt ihm aber nach ein großer Haufe Volks und Weiber, die klagten und beweinten ihn.»[189] Und er, in milder Güte ihnen zugewandt, kündet ihnen das Verderben, das zur Strafe für seinen Tod hereinbrechen werde, vor dem sie sich aber retten können, wenn sie klug seien. «Ihr Töchter Jerusalems», sprach er, «weinet nicht über mich, sondern weinet über euch selbst und über eure Kinder. Denn siehe, es wird die Zeit kommen, in welcher man sagen wird: ‹Selig sind die Unfruchtbaren und die Leiber, die nicht geboren haben, und die Brüste, die nicht gesäugt haben. Dann werden sie anfangen zu sagen zu den Bergen: Fallet über uns! und zu den Hügeln: Decket uns! Denn so man das tut am grünen Holz, was will am dürren werden?›»[190]

21 Leide mit dem, der für Deine Erlösung freiwillig leidet, und traure um ihn, der um Deinetwillen ans Kreuz geschlagen ist! Steh im Geist allezeit an seinem Grabe und weine und klage mit den gläubigen Frauen! Von ihnen heißt es, wie ich schon oben gesagt habe, in der Schrift: «Frauen saßen am Grab und weinten und klagten um den Herrn.» Bereite mit ihnen Spezereien zu seinem Begräbnis, aber nicht stoffliche, sondern bessere, geistige: Denn nur wer diese nicht kennt, verlangt nach jenen. Von solchen Gedanken lass Dein Herz in frommer Hingabe ganz erschüttern.

Der Herr selbst ermahnt die Gläubigen durch den Propheten Jeremia zur Erschütterung im Mitleiden, indem er spricht: «Ihr alle, die ihr vorübergeht, schaut doch und seht, ob irgendein Schmerz sei wie mein Schmerz»;[191] das heißt ob man mit irgendeinem Leidenden so sehr Mitleid empfinden muss wie mit mir, der ich allein ohne Schuld büße, was andere gesündigt haben. Er selbst aber ist der Weg, durch den die Gläubigen aus der Fremde eingehen zum Vaterland. Darum hat er sein Kreuz, von dem herab er uns zuruft, für uns aufgerichtet als eine Leiter des Heils. Er ist für Dich getötet, der Eingeborene Gottes «ist geopfert worden, also war es sein Wille»[192]. Um ihn allein trauere durch Mitleiden, durch Trauern leide mit. Erfülle, was der Prophet Zacharias von den frommen Seelen weissagt: «Sie werden klagen, wie man klagt um das einzige Kind, und werden sich um ihn betrüben, wie man sich betrübt um ein erstes Kind.»[193]

22 Sieh zu, meine Schwester, welche Klage sich erhebt unter denen, die den König lieben, über den Tod seines erstgeborenen und einzigen Sohnes. Betrachte, in welchem Jammer, in welcher Trauer die Königsfamilie und der ganze Hof sich verzehren, und wenn Du zur Braut des Toten gelangst, wirst Du das unerträgliche Wehgeschrei gar nicht aushalten können. So, meine Schwester, soll Deine Trauer und Deine Klage beschaffen sein, denn Du hast mit jenem herrlichen Bräutigam den seligen Ehebund geschlossen. Er hat Dich erkauft nicht mit seinen Schätzen, sondern mit sich selbst. Mit seinem eigenen Blut hat er Dich erkauft und hat Dich erlöst. Darum bedenke, welches Recht er auf Dich hat, und betrachte, wie teuer Du bist. Es denkt der Apostel an diesen Kaufpreis und erwägt anhand dieses Kaufpreises, was der persönlich wert sei, für den ein solcher Preis bezahlt wurde, und was für einen Dank er für diese hohe Gnade erstatten könne, und sagt anschließend:

«Es sei aber ferne von mir mich zu rühmen, denn allein von dem Kreuz unseres Herrn Jesu Christi, durch welchen mir die Welt gekreuzigt ist und ich der Welt.»[194]

23 Mehr als der Himmel bist Du, mehr als die Welt, Du, für die sich der Schöpfer der Welt selbst zum Preis gegeben hat! Sprich, was hat er an Dir gefunden, er, der keines Menschen bedarf, dass er, um Dich zu gewinnen, die Qualen des schrecklichen und schimpflichen Todes durchgekämpft hat? Was sucht er an Dir, ich frage noch einmal, wenn nicht Dich selbst? Der ist Dein wahrer Freund, der nicht das Deine begehrt, sondern Dich selbst. Das ist der wahre Freund, der, für Dich in den Tod gehend, sprach: «Niemand hat größere Liebe denn die, dass er sein Leben lässt für seine Freunde.»[195] Er hat Dich wahrhaft geliebt, nicht ich. Meine Liebe, die uns beide in Sünden verstrickte, soll man Begehrlichkeit, nicht Liebe nennen. Meine elenden Begierden befriedigte ich an Dir, und das war alles, was ich liebte. Für Dich habe ich gelitten, sagst Du, und vielleicht ist etwas Wahres daran; aber noch mehr durch Dich, und auch das wider meinen Willen; nicht aus Liebe zu Dir litt ich, sondern wegen der Gewalttat an mir, und nicht zu Deinem Heil, sondern zu Deinem

Schmerz. Er aber hat um Deines Heiles willen, er hat aus eigenem Antrieb für Dich gelitten. Er heilt durch sein Leiden alle Krankheit, er nimmt hinweg alles Leid. Ihm, ich bitte Dich, nicht mir weihe Deine ganze Hingabe, Dein ganzes Mitleid, Deine ganze Reue. Trauere über die Grausamkeit und Ungerechtigkeit, die sich so an dem Unschuldigen vergreifen durfte, nicht über die gerechte Strafe, die mich betroffen, nein – die für uns beide, ich wiederhole es, höchste Gnade war. Denn ungerecht bist Du, wenn Du die Gerechtigkeit nicht liebst, und ganz ungerecht, wenn Du wissentlich dem Willen oder vielmehr der hohen Gnade Gottes widerstrebst.

24 Klage um Deinen Retter, nicht um Deinen Verführer; um Deinen Erlöser, nicht um Deinen Buhlen; um den Herrn, der für Dich gestorben, nicht um den Knecht, der noch lebt, ja, der erst wirklich vom Tode befreit ist. Gib acht, ich beschwöre Dich, dass man nicht zu Deiner Schande das Wort auf Dich anwenden könne, das einst Pompejus zu der trauernden Cornelia gesagt hat:

«Noch lebt nach den Schlachten der Große!
Aber das Glück ist tot: *Das* hast du geliebt,
das beweinst du.»[196]

Daran denke und sei beschämt: Sonst würdest Du die aufs Abstoßendste begangenen Frevel noch weiterempfehlen. Und so nimm denn geduldig hin, meine liebe Schwester, nimm hin, ich bitte Dich, was aus Barmherzigkeit über uns kam. Das ist die Rute des Vaters, nicht das Schwert des Verfolgers. Der Vater züchtigt, um zu bessern, damit nicht der Feind schlage, um zu töten. Durch die Wunde führt er nicht den Tod herbei, sondern kommt ihm zuvor; er wendet das Messer an, um abzuschneiden das Kranke. Er verwundet den Leib und heilt die Seele. Er hätte töten sollen und macht lebendig. Er entfernt die Unreinheit, um nur Reines übrig zu lassen. Er straft einmal, um nicht ewig strafen zu müssen. Einer muss die Verletzung erleiden, damit zwei vom Tode verschont werden. Zwei in der Schuld, einer in der Strafe. Die göttliche Barmherzigkeit hat Nachsicht mit der Schwäche Deiner Natur, und das gewiss mit Recht. Schon durch Dein Geschlecht warst Du von Natur aus schwächer und dennoch stärker in der Enthaltsamkeit und darum weniger strafwürdig. Auch dafür sage ich dem Herrn Dank, dass er Dich von der Strafe befreit und für die Ehrenkrone bewahrt hat. In mir hat er, damit ich nicht zusammenbreche, durch einen einmaligen körperlichen Schmerz für immer alle Glut der Begierde erstickt, in der mich meine unbändige Zügellosigkeit gefangen hielt. Dein junges Herz hat er durch die beständige Lockung des Fleisches vielen noch größeren Leiden anheimgegeben bis hin zur Märtyrerkrone. Es mag Dich vielleicht verdrießen, dies zu hören; Du möchtest mir vielleicht zu sprechen verbieten, aber es ist die offenkundige Wahrheit selbst, die hier redet. Denn wem ein Kampf zuteilwird, dem wird zuletzt auch die Krone zuteil; denn «keiner wird gekrönt, er kämpfe denn recht»[197]. Mir aber wird keine Krone zuteil, weil ich keinen Anlass zum Kampf mehr habe. Wem der Stachel der Begierde genommen ist, dem fehlt der Grund zum Kämpfen.

25 Doch wenn ich schon hienieden keine Krone erlange, so ist es doch gewiss schon etwas, dass ich keine Strafe mehr zu fürchten habe und dass mir um den Schmerz einer augenblicklichen Bestrafung vielleicht viele Strafen in der Ewigkeit erlassen werden. Denn von den Menschen, die an dieses elende Leben sich hängen, gilt, was vielmehr von den Tieren geschrieben steht: «Das Vieh ist verfault in seinem Mist.»[198]

Ich will mich nicht darüber beklagen, dass

ich mein Verdienst schwinden sehe, solange ich sicher bin, dass das Deinige zunimmt. Denn in Christus sind wir beide eins, ein Fleisch durch das Band der Ehe. Alles, was Dein ist, achte ich auch mir nicht fremd. Dein aber ist Christus, denn Du bist seine Braut geworden. Darum hast Du mich jetzt, wie ich schon oben sagte, zum Knecht, mich, den Du einst als Deinen Herrn anerkanntest; doch bin ich Dir mehr in geistiger Liebe verbunden als in Furcht untertan. Darum verspreche ich mir auch so viel von Deiner Verwendung für mich bei Jesus Christus, um durch Deine Fürsprache zu erlangen, was mein eigen Gebet nicht kann; vornehmlich in dieser bedrängten Zeit, wo tägliche Gefahr und Anfechtung mir weder Zeit zum Leben noch zum Beten lässt. Auch kann ich nicht dem Beispiel jenes frommen Eunuchen[199] folgen, jenes vornehmen Mannes am Hofe der äthiopischen Königin Kandake, der über alle ihre Schätze gesetzt war und die weite Reise gemacht hatte, um in Jerusalem anzubeten. Zu ihm wurde auf dem Heimweg vom Engel der Apostel Philippus gesandt, dass er ihn zum Glauben bekehre: Denn der Mann hatte es verdient durch sein Gebet und durch fleißiges Lesen der Heiligen Schrift. Nicht einmal unterwegs ließ er davon ab, wiewohl jener ein reicher Mann und Heide war: So geschah es durch eine große Gnade der göttlichen Fügung, dass er auf eine Stelle der Heiligen Schrift stieß, die dem Apostel eine treffliche Gelegenheit zu seiner Bekehrung bot.

26 Damit aber meine Bitte nichts behindere oder sie zu erfüllen hinausschiebe, beeile ich mich, den Wortlaut des Gebetes, das Ihr für mich in Demut vor den Herrn bringen möget, hier aufzusetzen und Dir zu übersenden:

O Gott, der du von Anbeginn der Schöpfung, da du aus der Rippe des Mannes das Weib gebildet, das hochheilige Sakrament des ehelichen Bundes eingesetzt und es zu unendlicher Ehre erhoben hast, indem du selbst durch eine Braut Mensch geworden bist und dein erstes Wunder auf einer Hochzeit getan hast; der du auch meiner Unenthaltsamkeit und Schwachheit die Ehe als Heilmittel, wie es dir gefiel, einstmals gewährt hast: Verschmähe nicht die Bitten deiner Magd, die ich für meine und meines Geliebten Vergehen in Demut vor dem Angesicht deiner Majestät ausstoße. Vergib, o Allgütiger, der du die Güte selbst bist, vergib uns unsere Sünden, so groß und viele sie sind, und lass an der Menge unserer Sünden den Reichtum deiner unaussprechlichen Barmherzigkeit sich bewähren. Ich flehe dich an: Strafe die Schuldigen hienieden und spare uns drüben die Strafe. Strafe sie in der Zeit, dass du nicht in der Ewigkeit strafen musst. Nimm für deine Knechte die Zuchtrute zur Hand und nicht das zornige Schwert. Schlage das Fleisch, auf dass du die Seelen erhältst. Steh uns bei als Läuterer, nicht als Rächer: sei eher gütig als gerecht; sei uns ein barmherziger Vater, nicht ein strenger Herr.

Prüfe und versuche uns[200] so, wie der Prophet es für sich selbst von dir erfleht mit Worten, die so viel sagen wollen als: Siehe zuerst auf meine Kräfte und bemiss nach ihnen die Lasten der Prüfung. Auch der heilige Paulus verspricht ja deinen Gläubigen: «Denn Gott ist getreu, der euch nicht lässt versuchen über euer Vermögen, sondern macht, dass die Versuchung so ein Ende gewinne, dass ihr es könnet ertragen.»[201]

Du hast uns vereint, o Herr, und wiederum getrennt, wie es dir gefallen und wann es dir gefallen hat. Nun, Herr, vollende in deiner großen Barmherzigkeit, was du so barmherzig begonnen; die du in der Welt für kurze Zeit auseinandergerissen, vereinige mit dir im Himmel für alle Ewigkeit. Denn du bist unsere Hoffnung, unser Erbteil, unsere Sehnsucht, unser Trost, o Herr, gepriesen in Ewigkeit. Amen.

Lebe wohl in Christo, Du Braut Christi, in Christo lebe wohl, und lebe Christo! Amen.

ERGÄNZENDE TEXTE

PETRUS VENERABILIS[202] AN PAPST INNOZENZ II.

Dem höchsten Priester und unserem besonders verbundenen Vater, Herrn und Papst Innozenz, sein Bruder Petrus, in Demut Abt der Cluniazenser, Gehorsam und Liebe!

1 Magister Petrus[203], Eurer Weisheit, wie ich glaube, bestens bekannt, war neulich, als er aus Frankreich kam, auf der Durchreise in Cluny. Wir fragten, wohin er fahre. Er antwortete, er fühle sich bedrückt von den Schikanen gewisser Leute, die ihm – wovor er weit zurückschreckte – den Titel eines Häretikers verliehen; er habe an die Apostolische Majestät appelliert und wolle sich zu ihr flüchten. Wir lobten seinen Vorsatz und mahnten ihn, sich zu dieser allgemein bekannten Zuflucht zu flüchten. Die apostolische Gerechtigkeit, die sich noch keinem Auswärtigen oder Fremden versagte, werde sich auch ihm nicht versagen, behaupteten wir. Die

Barmherzigkeit persönlich werde, wo die Vernunft es fordere, ihm entgegenkommen: Das versprachen wir.

2 Inzwischen kam der Zisterzienserabt und hat zwischen ihm [Abaelard] und dem Herrn von Clairvaux [Bernhard] um den Frieden, um dessentwillen er [Abaelard an den Papst] appelliert hatte, in gleicher Weise mit uns und ihm selbst [Abaelard] verhandelt. Wir bemühten uns um seinen Frieden und ermahnten ihn [Abaelard], er solle mit ihm [dem Abt] persönlich zu jenem [Bernhard] gehen. Wir fügten unseren Ermahnungen hinzu, dass er, wenn er irgendwelche für die Ohren Rechtgläubiger anstößige Sätze geschrieben oder ausgesprochen habe, sie nach dessen und anderer guter und weiser Männer Mahnung aus seinen Äußerungen entfernen und aus seinen Büchern tilgen solle. Und so geschah es. Er ging, kam zurück und berichtete nach seiner Rückkehr, er sei mit dem Herrn von Clairvaux unter Vermittlung des Zisterziensers friedfertig übereingekommen, nachdem die früheren Streitigkeiten beschwichtigt worden seien.

3 Inzwischen hat er, von uns ermuntert, noch mehr aber von Gott, wie wir glauben, inspiriert, den Aufruhr der Schulen und Studien hinter sich gelassen und sich in Eurem Cluny eine dauerhafte Bleibe erwählt. Weil wir meinen, dies passe zu seinem Alter, seiner Gebrechlichkeit, seiner Frömmigkeit, und weil wir glauben, sein Wissen, das Euch ganz und gar nicht unbekannt ist, könne einer großen Zahl unserer Brüder nützen, haben wir seinem Entschluss zugestimmt und, falls es Eurer Güte so gut gefallen hätte, ihm gütig und mit Freuden gestattet, bei uns, den Euren in allem, wie Ihr wisst, zu verbleiben.

4 Also bitte ich, wie gering ich auch immer sein mag, so doch der Eure, es bittet der Euch tiefergebene cluniazensische Konvent, es bittet er selbst durch sich, durch uns, durch die Übermittler der gegenwärtigen Ereignisse, Eure Söhne, durch diesen Brief, den er mich zu schreiben bat, dass Ihr ihn die übrigen Tage seines Lebens und Greisenalters, deren vielleicht nicht mehr viele sind, in Eurem Cluny zu vollenden heißt, damit er nicht vom Haus, das er wie ein Sperling, und nicht vom Nest, das er wie eine Turteltaube gefunden zu haben froh ist, auf das Drängen einiger Leute hin entweder vertrieben oder entfernt werden kann, und dass Ihr ihn nach der Sitte, nach der Ihr alle Guten hegt und ihn sogar lieb gewannt, mit dem Schild des apostolischen Schutzes abschirmt.

PETRUS VENERABILIS AN HELOÏSE

Der verehrungswürdigen, in Christo hochgeliebten Schwester, Äbtissin Heloïse, wünscht Bruder Petrus, in Demut Abt der Cluniazenser, das Heil, das Gott denen verhieß, die ihn lieben!

1 Als ich den Brief aus Deiner Liebe empfing, den Du mir durch meinen Sohn Theobald übersandtest, freute ich mich und nahm ihn um der Absenderin willen freundschaftlich entgegen. Ich wollte sogleich zurückschreiben, was mir auf der Seele lag, aber da ungelegene Erledigungen von Fürsorgepflichten es hinderten, denen ich zumeist, ja fast immer, nachzugeben gezwungen bin, vermochte ich's nicht. Als sich schließlich trotz des Gedränges mit Mühe ein Tag einschieben ließ, nahm ich mir vor, was ich entworfen hatte. Es erschien mir richtig, dass ich mich beeilte, Deine Zuneigung mir gegenüber, die ich damals aus Briefen und früher bereits aus mir gesandten Gastgeschenken kennengelernt hatte, wenigstens mit Worten zu vergelten, und dass ich zeigte, wie groß der Raum in meinem

Herzen war, den ich Dir für die Liebe im Herrn freihielt.

2 Denn tatsächlich beginne ich nicht jetzt zum ersten Mal, die zu lieben, die schon seit geraumer Zeit geliebt zu haben ich mich entsinne. Noch hatte ich nicht vollständig die Wendemarken der Jugend überschritten, noch war ich nicht in die Jünglingsjahre davongeeilt, als noch nicht der Name Deiner Frömmigkeit, aber mir doch schon der Ruhm Deiner ehren- und lobenswerten Studien bekannt wurde. Ich hörte zum damaligen Zeitpunkt, dass eine Frau, mochte sie sich auch von den Verflechtungen dieser Welt noch nicht gelöst haben, der literarischen Gelehrsamkeit, was höchst selten ist, und dem Studium der Weisheit, sei es auch nur der weltlichen, ihren höchsten Eifer widme und von den Vergnügungen, Albernheiten oder Verlockungen dieser Welt nicht von diesem nützlichen Vorsatz, die Wissenschaften zu erlernen, abgehalten werden könne. Und während vor diesen Bemühungen fast die ganze Welt in abscheulicher Gleichgültigkeit erstarrt ist und der Fuß der Weisheit keine Stätte, wo er innehalten könnte, ich will nicht sagen, beim weiblichen Geschlecht, von dem er ganz verjagt worden ist, aber kaum noch bei männlichen Herzen zu finden vermag, hast Du, indem Du jenes Studium hochhieltest, alle Frauen ausgestochen und fast alle Männer übertroffen.

3 Dann aber – nach den Worten des Apostels: «Wie es dem wohlgefiel, der Dich hat ausgesondert von Deiner Mutter Leib an, um Dich zu berufen durch seine Gnade»[204] – hast Du die Studiendisziplinen zu weitaus Besserem gewechselt und statt der Logik das Evangelium, statt der Physik den Apostel, statt Platon Christus, statt der Akademie das Kloster erwählt, und dies als bereits vollkommen und wahrhaft philosophische Frau. Du hast den besiegten Feinden die Beute entrissen, mit den ägyptischen Schätzen die Wüste unserer Pilgerreise durchschritten und in Deinem Herzen ein kostbares Tabernakel für Gott errichtet. Du sangst mit Mirjam[205] ein Loblied, da der Pharao untergegangen war, und der seligen Abtötung Pauke, wie sie einst jene in den Händen schwang, des unerhörten Rhythmus Klänge hast Du als geschulte Paukenschlägerin bis zu den Ohren der Gottheit selbst hinüberschallen lassen. Niederzutreten begannst Du schon, was Du durch die Gnade des Allmächtigen, wenn Du tüchtig ausharrst, zermalmen wirst: Den Kopf der alten Schlange, die immer schon den Frauen nachstellte, und Du wirst ihn so zerschmettern, dass er es nie wieder wagen kann, Dich anzuzischen. Zur Schau stellst Du und wirst stellen den stolzen Fürsten dieser Welt, jenen, der nach göttlichem Ausspruch genannt wird der König der Söhne des Stolzes[206] – gemäß Gottes eigenen Worten an den seligen Hiob –, und Du wirst ihn, der für Dich und die bei Dir wohnenden Dienerinnen Gottes angekettet[207] ward, aufzustöhnen zwingen. Und es ist ein wahrhaft einzigartiges Wunder, das über alle Wunderwerke zu erheben ist, dass der, den – nach dem Propheten – nicht einmal die hohen Zedern im Paradies Gottes überragten[208] und dessen Wipfellaub auch die Tannen nicht erreichten, vom zarten Geschlechte besiegt und dass der übermächtige Erzengel von einer schwachen Frau ausgestochen wird. Es erwächst aus solchem Zweikampf höchster Ruhm dem Schöpfer, es bringt andererseits größte Schande dem Betrüger. Ihm lässt sich vorhalten, in diesem Kampf nicht nur dumm, sondern vor allem auch lächerlich gewesen zu sein, mit der erhabensten Majestät nach Gleichrangigkeit gestrebt zu haben als einer, der nicht einmal ein kurzes Ringen mit weiblicher Schwachheit auszuhalten vermag. Kraft eines solchen Sieges trägt das Haupt jeder beliebigen

Siegerin über ihn vom König der Himmel eine edelsteingeschmückte Krone, damit, je schwächer im Fleische sie im überstandenen Kampf gewesen, sie umso glorreicher erstrahle in immerwährender Belohnung.

4 Dies, liebste Schwester im Herrn, sage ich wahrhaftig nicht, um zu schmeicheln, sondern um Dich zu mahnen, das große Gut, in dem Du eine ganze Weile fest gegründet standest, zu achten und Dich mutiger stimmen zu lassen, es umsichtig zu bewahren, damit Du auch jene heiligen Frauen, die mit Dir Gott dienen nach der von Gott Dir erwiesenen Gnade, gleichermaßen durch Wort und Vorbild dazu begeisterst, sich in demselben Kampf mit höchster Kraft zu bemühen. Du bist nämlich eines von jenen Lebewesen,[209] magst Du auch eine Frau sein, die der Prophet Ezechiel schaute, die Du nicht nur wie Kohle brennen, sondern wie eine Lampe gleichermaßen brennen und leuchten musst. Du bist freilich Schülerin der Wahrheit, aber Du bist schon allein kraft Deines Amtes, soweit es die Dir anvertrauten Frauen betrifft, auch Lehrerin der Demut. Offenbar für die Demut und die ganze auf den Himmel gerichtete Disziplin ist Dir von Gott ein Lehramt auferlegt. Daher musst Du nicht nur für Dich, sondern auch für die Dir anvertraute Herde Sorge tragen, und für all das verdienst Du es, auch einen größeren Lohn als alle anderen zusammen zu erhalten. Dir bleibt gewiss die Palme für alle, weil, wie Du sehr wohl weißt, wie viele auch immer unter Deiner Führung die Welt und den Herrscher dieser Welt besiegt haben, sie alle Dir ebenso viele Triumphzüge, ebenso viele glorreiche Siegesdenkmäler beim ewigen König und Richter einrichten werden.

5 Es ist doch bei den Sterblichen überhaupt nicht ungewöhnlich, dass Frauen über Frauen herrschen, auch nicht ganz und gar unüblich, dass sie sogar Gefechte austragen, darüber hinaus die Männer selbst zu den Gefechten begleiten. Denn wenn das wahr ist, was man sagt – «Es ist recht und billig, sich auch vom Feinde belehren zu lassen» –, so steht sowohl bei den Heiden geschrieben, Penthesilea, der Amazonen Königin, habe mit ihren Amazonen – nicht Männern, sondern Frauen – zur Zeit des Trojanischen Krieges häufig gekämpft, als auch besonders beim Volk Gottes zu lesen,[210] die Prophetin Debora habe Barach, einen Richter Israels, gegen die Heiden aufgewiegelt. Warum sollte es also nicht erlaubt sein, dass Frauen von Tugend, wenn sie gegen den starken Bewaff-

neten zu Gefechten ausrücken, zu Führerinnen des Heeres des Herrn werden, wenn schon jene (was gewiss ungehörig erschien) nichtsdestoweniger mit eigener Hand gegen die Feinde gekämpft und diese unsere Debora die Männer selbst zu Gotteskriegen aufgeboten, bewaffnet, entflammt hat? Als daraufhin der König Jabin besiegt, der Führer Sisara getötet, das weltliche Heer vernichtet war, sang jene sogleich ein Lied[211] und weihte es hingebungsvoll dem Lobe Gottes. Es wird um der Gnade Gottes willen, die dies bewirkt, nach dem Dir und den Deinen geschenkten Sieg über weitaus stärkere Feinde Dein Lied weitaus glorreicher sein, weil Du so froh singen wirst, dass Du fortan niemals mehr zu frohlocken, niemals mehr zu singen aufhörst. Inzwischen wirst Du den Dienerinnen Gottes, das heißt dem himmlischen Heer, das sein, was jene Debora ihrem jüdischen Volke war; und Du wirst von einem so gewinnträchtigen Kampf nicht zu irgendeiner Zeit, nicht wegen eines beliebigen Zufalls ablassen, außer Du siegst. Und weil dieser Name Debora, wie Dir in Deiner Bildung bekannt, in hebräischer Sprache die Biene bezeichnet, wirst auch Du in dieser Hinsicht Debora, das heißt Biene, sein. Denn Honig wirst Du geben, aber nicht allein für Dich, weil Du alles, was Du Gutes durch verschiedene und von verschiedenen Menschen gesammelt hast, in Vorbild, Wort und Lebensweise – Deinem Vermögen nach – für die Schwestern zu Hause oder beliebige andere wieder ganz wirst verströmen lassen. Sättigen wirst Du in dieser geringen Zeitspanne unseres sterblichen Lebens Dich selbst an der verborgenen Süße der heiligen Schriften und die frommen Schwestern an öffentlicher Predigt, so lange, bis nach dem Prophetenwort «an jenem Tage, der gestattet wird, die Berge triefen vor ewiger Süße und die Hügel schwimmen in Milch und Honig»[212]. Mag dies auch nur über diese Zeit der Gnade gesagt sein, so hindert doch nichts daran, ja es ist sogar noch lieblicher, es auch von der Zeit der Glorie anzunehmen.

6 Lieblich wäre es für mich, mit Dir noch lange ein Gespräch über derlei Themen zu führen, weil mich Deine berühmte Bildung erfreut und ich mich noch weit mehr von Deiner mir von vielen gepriesenen Frömmigkeit angezogen fühle. Hätte Dich doch unser Cluny zu eigen bekommen! Hätte Dich doch der willkommene Kerker von Marcigny[213] mit den übrigen Dienerinnen Christi, die von dort aus die himmlische Freiheit erwarten, eingeschlossen! Ich hätte die Machtfülle der Frömmigkeit und Wissenschaft vorgezogen den größten Schätzen irgendwelcher Könige und mich gefreut, wenn jenes hochberühmte Schwesternkolleg durch die Gemeinschaft mit Dir noch glänzender erstrahlte. Gewonnen hättest auch Du selbst von ihnen keinen geringfügigen Ertrag und würdest staunen, wie der höchste Adel und Stolz dieser Welt mit Füßen getreten wird. Du erblicktest alle Arten weltlicher Schwelgerei durch bewundernswerte Sparsamkeit bekehrt und die einst schmutzigen Gefäße des Teufels in reinste Tempel des Heiligen Geistes verwandelt. Du sähest die Mägde Gottes, die dem Satan oder der Welt gleichsam durch Diebstahl entzogen sind, über das Fundament ihrer Unschuld hohe Mauern von Tugenden errichten und bis gerade zu den Himmelshöhen hin den Giebel ihrer seligen Werkstatt hinaufführen. Du frohlocktest darüber, wie sie, in engelhafter Jungfräulichkeit blühend, mit den keuschesten Witwen verbunden sind, und wie alle, die in gleichem Maße die Glorie jener seligen und großen Auferstehung hochhalten, innerhalb der engen Umfriedungen der Gebäude auch leibhaftig für die selige Hoffnung gleichsam schon im Grabe geborgen sind.

7 Magst Du auch dies alles und womöglich noch Größeres gemeinsam mit den Dir von

Gott anvertrauten Schwestern besitzen, mag man Dir vielleicht auch nichts von dem, was zur Beschäftigung mit heiligen Dingen gehört, mehr beibringen können; dennoch würde durch die Förderung Deiner Gnaden – keine geringen Vorzüge, wie ich meine – unser Gemeinwesen gefördert. Aber: Wenn uns dies auch von der Ordnerin aller Dinge, Gottes Vorsehung, bei Dir versagt wurde, so ist es uns trotzdem gestattet bei dem Deinen, bei ihm, sage ich, der oft und immer mit Ehre zu nennen ist, dem Diener und wahrhaften Philosophen Christi: dem Magister Petrus, den in den letzten Jahren seines Lebens dieselbe göttliche Vorherbestimmung hinüber nach Kloster Cluny sandte, das sie in ihm und durch ihn mit einer Gabe, kostbarer als alles Gold und Topasgestein, bereicherte.

8 Welches und welch gewichtiges Zeugnis Cluny für dessen heiligen, demütigen und frommen Wandel unter uns beisteuern kann, kann kein kurzer Vortrag erklären. Denn wenn ich mich nicht täusche, erinnere ich mich nicht, einen ihm an Haltung und Ausdruck der Demut ähnlichen Menschen gesehen zu haben, in solchem Grade, dass einem, der gut unterscheidet, weder Germanus bescheidener noch Martin[214] selbst ärmer erscheinen konnte. Und obwohl er in jener großen Schar unserer Brüder auf mein Geheiß einen höheren Rang einnahm, schien er nach seiner äußerst ungepflegten Kleidung der allerletzte zu sein. Ich staunte oft, und in Prozessionen, wenn er mit den übrigen mir dem Brauche nach voranschritt, erstarrte ich fast, dass ein Mensch mit einem so bedeutenden und berühmten Namen sich selbst so verachten, sich so erniedrigen könne. Und weil es gewisse Ordensbekenner gibt, die darauf erpicht sind, dass ebendie Ordenskutte, die sie tragen, nicht aufwendig genug sein kann, war jener vergleichsweise sparsam in diesen Dingen und mit einfacher Kleidung jeder Art zufrieden: Nichts weiter begehrte er. Dies beachtete er auch beim Essen, dies auch beim Trinken, dies auch bei jeder Pflege seines Körpers, und ich sage: Nicht nur Überflüssiges, sondern überhaupt alles, wenn es nicht dringend notwendig war – ebenso bei sich wie bei allen –, verurteilte er gleichermaßen in Wort und Lebenswandel.

9 Seine Lektüre war fortlaufend, das Gebet häufig, das Schweigen ununterbrochen, wenn ihn nicht entweder die vertraute Versammlung der Brüder oder die öffentliche, an sie gerichtete Predigt im Konvent über das Gotteswort zu reden zwangen. Die Sakramente des Himmels beanspruchte er, sooft er konnte, indem er des unsterblichen Lammes Opfer Gott darbot, ja sogar, nachdem er durch meinen Brief und meine Bemühung der apostolischen Gnade zurückgegeben war, beinahe unablässig. Und was soll ich noch mehr sagen? Sein Geist, seine Zunge, sein Dienst meditierte, lehrte, bekannte immer Göttliches, immer Philosophisches, immer Erzieherisches. So lebte der Mann mit uns, einfach und aufrecht, gottesfürchtig und fernab vom Bösen – kraft eines derartigen Lebenswandels, sage ich –, für eine beträchtliche Zeitspanne, die letzten Tage seines Lebens Gott weihend, bis er zur Erholung – denn er fühlte sich mehr als gewohnt von einem Ausschlag und gewissen Unpässlichkeiten des Leibes belastet – von mir nach Chalon geschickt wurde.

10 Denn wegen der Lieblichkeit jener Landschaft, durch die sie fast alle Teile unseres Burgund übertrifft, hatte ich einen für ihn geeigneten Platz vorgesehen: zwar nahe der Stadt, aber trotzdem mit dem Fluss Arar[215] dazwischen. Soweit es seine Unpässlichkeit erlaubte, erneuerte er dort seine alten Studien, war immer über seine Bücher gebeugt und – wie man von Gregor dem Großen liest – ließ keinen Augenblick verstreichen, ohne fortwährend entweder zu beten oder zu lesen oder zu diktieren. In diesen Übungen heiliger Werke traf ihn die Ankunft jenes Besuchers aus dem Evangelium[216] und fand ihn, nicht schlafend, wie viele, sondern wachend. Er fand ihn wahrhaft wachend und berief ihn nicht wie die törichte, sondern wie die kluge Jungfrau zur Hochzeit der Ewigkeit. Denn jener trug bei sich eine Lampe voller Öl, das heißt ein Gewissen, erfüllt vom Zeugnis eines heiligen Lebens. Denn um die gemeinsame Schuld der Sterblichen[217] einzulösen, wurde er von der Krankheit ergriffen und, als sie sich verschlimmerte, in Kürze zum Lebensende geführt.

11 Wie heilig aber, wie fromm, wie rechtgläubig er damals zunächst ein Bekenntnis des Glaubens, dann seiner Sünden ablegte, mit welcher Hingabe seines lechzenden Herzens er die Wegzehrung der Pilgerreise und des ewigen Lebens Unterpfand, das bedeutet den Leib des Herrn, empfing, wie gläubig er seinen Leib und seine Seele hier und in Ewigkeit ihm anempfahl: Dafür sind Zeugen die frommen Brüder und der gesamte Konvent jenes Klosters, in dem der Leib des heiligen Märtyrers Marcellus liegt.[218] In diesem Ende erfüllte Magister Petrus seine Tage, und er, der wegen seiner einzigartigen Wissensbeherrschung fast dem gesamten Erdkreis bekannt und überall berühmt war, verharrte sanftmütig und demütig in der Schülerschaft dessen, der gesagt hat: «Lernet von mir, denn ich bin sanftmütig und von Herzen demütig!»[219] Und so ist er, wie es sich zu glauben gebührt, zu ihm selbst hinübergegangen.

12 Diesen Mann also, verehrungswürdige und liebste Schwester im Herrn, an den Du Dich nach der Bande des Fleisches mit der umso stärkeren, weil gutartigeren Fessel der göttlichen Liebe gebunden hast, mit dem und unter dem Du lange dem Herrn dientest, diesen Mann, sage ich, hegt er an Deiner statt, vielmehr als Dein anderes Ich in seinem Schoß, und bei der Ankunft des Herrn, der Stimme des Erzengels und dem Tubaschall Gottes, wenn er vom Himmel herabsteigt, bewahrt er ihn für die Wiedervereinigung mit Dir durch seine Gnade. Gedenke also seiner im Herrn, gedenke auch, wenn es Dir gefällig ist, meiner und empfiehl den heiligen Schwestern, die mit Dir dem Herrn dienen, die Brüder unserer Kongregation und die Schwestern, die überall auf Erden nach ihrem Können demselben Herrn dienen wie Du, mit Nachdruck!

HELOÏSE AN PETRUS VENERABILIS

Petrus, dem verehrungswürdigen Herrn und Vater und ehrwürdigen Abt der Cluniazenser, wünscht Heloïse, Gottes und seine demütige Dienerin, den Geist der heilbringenden Gnade!

1 Es besuchte uns die Barmherzigkeit Gottes: So hat uns die Gnade Eurer Wertschätzung besucht. Wir beglückwünschen, gütigster Vater, und rühmen uns, dass Eure Größe sich zu unserer Wenigkeit herabgelassen hat. Gewiss bedeutet Euer Besuch für jeden beliebigen Großen großen Ruhm. Es wissen andere, wie viel Nutzen ihnen die Gegenwart Eurer Erhabenheit gebracht hat. Ich werde bestimmt nicht behaupten, es in Worten berichten zu können, doch vermag ich es nicht einmal in Gedanken zu fassen, wie nutzbringend, wie erfreulich Euer Besuch mir gewesen ist.

2 Unser Abt, unser Herr! Ihr habt bei uns im vergangenen Jahr am 16. November eine Messe zelebriert, in welcher Ihr uns dem Heiligen Geist anvertrautet. Im Kapitelsaal habt Ihr uns mit der Segensgabe des göttlichen Wortes gespeist. Ihr habt uns den Leib unseres Lehrers übergeben und uns eine Gnade aus Cluny zugestanden. Auch mich, die ich nicht einmal der Bezeichnung «Dienerin» würdig bin, hat Eure erhabene Demut in Wort wie in Schrift Schwester zu nennen nicht verschmäht, und Ihr habt mir ein geradezu einmaliges Vorrecht aufrichtiger Liebe gewährt – in Form von dreißig Seelenmessen –, das mir, wenn ich abgeschieden bin, der cluniazensische Konvent einlösen werde. Ihr habt mir auch angekündigt, dass Ihr mir jenes Geschenk mit gesiegelter Urkunde bestätigen würdet. Was Ihr daher der Schwester, vielmehr der Dienerin zugestanden habt, das sollt Ihr als Bruder, vielmehr als Herr erfüllen! Könnte es Euch auch gefallen, mir noch ein anderes Siegel zu schicken, in dem die Absolution unseres Lehrers in unzweideutigem Wortlaut enthalten sein soll, damit es auf seinem Grab angebracht werden kann! Gedenket in Gottes und Eurer Liebe unseres Astrolabius[220], damit Ihr ihm – sei es vom Bischof von Paris, sei es von einem beliebigen anderen – irgendeine Pfründe verschafft!

3 Lebt wohl! Der Herr beschütze Euch und gewähre uns irgendwann einmal wieder Eure Gegenwart!

PETRUS VENERABILIS AN HELOÏSE

Unserer ehrwürdigen und liebsten Schwester und Dienerin des Herrn, Heloïse, Führerin und Lehrerin der Dienerinnen des Herrn, wünscht Bruder Petrus, in Demut Abt der Cluniazenser, die Fülle des Heils von Gott und der Liebe von uns in Christus!

1 Ich freute mich, und das nicht wenig, als ich den Brief Eurer Heiligkeit las, an dem ich erkannte, dass mein Besuch bei Euch nicht nur vorübergehend war. Aus ihm entnahm ich, dass ich nicht nur bei Euch gewesen, sondern sogar nie mehr von Euch weggegangen bin. Meine gastliche Aufnahme war, wie ich sehe, nicht wie die Erinnerung an den Gast einer einzigen vorübergehenden Nacht, und ich wurde nicht zum bloßen Ankömmling und Fremden bei Euch, sondern zum Mitbürger und Hausgenossen heiliger Frauen, hoffentlich auch Gottes!

2 So blieb in Eurem heiligen Sinn alles haften, so prägte sich Eurem gütigen Geist alles ein, was ich bei jenem flüchtigen oder eiligen Besuch sagte, was ich tat, dass nicht nur, wie ich sagen möchte, das, was damals von mir gezielt gesagt wurde, sondern nicht einmal ein etwa unbeabsichtigt geäußertes Wort zur Erde fallen konnte. So bemerktet Ihr alles, so habt Ihr es Eurem aufmerksamen Gedächtnis, das aus aufrichtiger Hingabe stammt, anvertraut, als seien es große, als seien es himmlische, als seien es hochheilige, ja als seien es Worte oder Werke Jesu Christi selbst. Vielleicht veranlassten Euch dazu, all das so zu behalten, die Worte der gemeinsamen Regel – unserer wie Eurer –, die über Gäste vorschreibt, es solle in ihnen Christus verehrt werden, weil er auch aufgenommen wird; möglicherweise auch jene Worte über die Vorgesetzten, mag ich auch nicht Euer Vorgesetzter sein: «Wer Euch hört, hört mich.»[221]

3 Möchte mir doch immer diese Gnade bei Euch vergönnt sein, dass Ihr es für wert erachtet, meiner zu gedenken, dass Ihr für mich des Allmächtigen Barmherzigkeit gemeinsam mit dem heiligen Kolleg der Euch anvertrauten Herde herabfleht! Auch ich leiste Euch darin ein Entgelt, wie ich es vermag, weil ich schon lange, bevor ich Euch sah, und mehr noch, seitdem ich Eure Bekanntschaft machte, Euch in dem innersten Winkel meines Herzens einen Platz wahrer, ungeheuchelter Liebe bewahrte. Das Geschenk der dreißig Seelenmessen, das ich Euch machte, als ich anwesend war, übersende ich Euch, da ich abwesend bin, wie Ihr es wolltet, geschrieben und besiegelt. Ich übersende Euch auch, wie Ihr es mir auftrugt, die Absolution des Magister Petrus, auf Pergament ähnlich geschrieben und gesiegelt. Für Euren Astrolabius – um Euretwillen auch den unseren – will ich mich gern bemühen, dass ihm bald die Gelegenheit geboten werde, in irgendeiner der vornehmen Kirchengemeinden eine Pfründe zu erwerben. Die Sache ist gleichwohl schwierig, weil die Bischöfe, wie ich oft bestätigt fand, beim Vergeben der Pfründe verschiedene Umstände dagegenhalten und sich gewöhnlich sehr schwierig gebärden. Gleichwohl will ich um Euretwillen tun, was ich kann, und ferner, wie ich es kann.

ABSOLUTION DES PETRUS ABAELARDUS

Ich, Petrus von Cluny, der ich Petrus Abaelardus als Mönch in Cluny aufnahm und dessen Leib ich heimlich überführen und der Äbtissin Heloïse und den Nonnen des Paraklet aushändigen ließ, spreche ihn kraft meines Amtes und der Vollmacht des allmächtigen Gottes und aller Heiligen los von allen seinen Sünden.

EPITAPH

Petrus hält dieser Felsen verborgen, die Welt
nannte ihn Homer,
aber schon haben die Gestirne diesen Stern.
Dieser war den Galliern die Sonne, aber schon
hat ihn sein Schicksal hinweggenommen.
Und so entbehrt das gallische Land wieder
seine Sonne.
Jener nur wusste, was nur irgend zu wissen
war, er übertraf
die Meister, die Meisterschaft lehrte er ohne
Lehrer.
Der elfte Tag vor den Kalenden des Mai hat
Petrus dahingerafft,
und die Hallen der Logik ihres Königs be-
raubt.
Es genügt als Inschrift: Hier ruht Petrus
Abaelardus,
ihm allein stand offen, was immer auch zu
wissen war.

ANMERKUNGEN

1 Bezeichnete in der Antike und im Mittelalter die Kunst der Gesprächsführung und Argumentation, bei der Meinungen im Gespräch geprüft werden, sowie den Bereich, der heute als Logik bezeichnet wird. Ab dem 11. Jh. entwickelte sich die Dialektik innerhalb der Scholastik höchst kontrovers. Sie stellte die Argumentationen der menschlichen Vernunft den Begründungen göttlicher Offenbarung entgegen, weswegen sie Widerspruch hervorrief.

2 Anhänger der philosophischen Schule des Aristoteles, der sich von griech. *peripatos*, «Wandelhalle», ableitet.

3 Frz. Guillaume de Champeaux (ca. 1070–1122), ab 1113 Bischof von Châlons-sur-Marne, Theologe und Philosoph.

4 Regulierte Chorherren oder Regularkanoniker sind Kleriker, die nach einer Ordensregel leben, gemeinsam den Gottesdienst feiern und mit seelsorgerischen Aufgaben betraut sind. Sie gehören zum sogenannten Weltklerus, das heißt, sie sind keine Mönche im eigentlichen Sinne, leben aber in einer Gemeinschaft nach mönchischem Vorbild.

5 Der Universalienstreit beschäftigte sich mit der Frage nach dem ontologischen Status von Allgemeinbegriffen wie zum Beispiel «Vernünftigkeit» oder «Lebewesen». Diskutiert wurde dabei, ob den Begriffen selbst Wirklichkeit zukommt oder ob die

Universalien nur als Vorstellungen im Bewusstsein der Menschen bestehen.

6 Von lat. *accidens*, «Zufälle», «Zufälligkeiten».

7 Griech. «Einführung», im Mittelalter viel gelesenes Werk über die aristotelische Logik des griech. Philosophen Porphyrius (ca. 234–ca. 301/305).

8 Publius Ovidius Naso (43 v. Chr.–ca. 17 n. Chr.), röm. Dichter. Das Zitat stammt aus seinem Werk *Heilmittel gegen die Liebe* (lat. *Remedia amoris*).

9 Frz. Montagne Sainte-Geneviève, heute im 5. Pariser Arrondissement gelegene Anhöhe (61 m), auf ihrem höchsten Punkt steht das Panthéon.

10 Priscianus Lydus (gest. nach 532), spätantiker griech. Philosoph, Neuplatoniker.

11 Das Zitat stammt aus Publius Ovidius Naso, *Metamorphosen*. Ajax ist in Homers *Ilias* einer der wichtigsten Kämpfer aufseiten der Griechen.

12 Frz. Anselme de Laon (ca. 1050–1117), Philosoph, Theologe und Frühscholastiker.

13 Mk 11,13.

14 Marcus Annaeus Lucanus (39–65), röm. Dichter, in seinem Werk *Der Bürgerkrieg* (lat. *Bellum Civile*) über Gnaeus Pompejus Magnus (106–48 v. Chr.).

15 Knappe, erläuternde Bemerkungen, eine Form der systematisch-theologischen Arbeit.

16 Alberich von Reims (1085–1141), Theologe, ab 1136 Erzbischof von Bourges; zu Lotulf ist nichts überliefert.

17 1 Kor 8,1.

18 Sophronius Eusebius Hieronymus (347–420), Gelehrter, Theologe, ihm werden 154 Briefe zugeschrieben. Er gehört mit Ambrosius von Mailand (vgl. Anm. 139), Augustinus von Hippo (vgl. Anm. 31) und Gre-

gor dem Großen (vgl. Anm. 114) zu den vier lateinischen Kirchenvätern.

19 Röm. Diakon, den Hieronymus aufgrund seines sündhaften Lebenswandels zur Buße und Umkehr aufforderte.

20 Ovid beschreibt in seinem Werk *Liebeskunst* (lat. *Ars amatoria*) das zügellose Liebesverhältnis von Mars und Venus, die sich nach der Entdeckung ihrer verbotenen Beziehung an verschiedene Orte zurückziehen.

21 Petrus Astralabius (geb. ca. 1118), wurde von Abaelards Schwester in Le Pallet aufgezogen. Im Totenbuch des Paraklet wird er als *«Petrus Astralabius, magistri nostri Petri filius»* aufgeführt.

22 1 Kor 7,27 f. und 32.

23 Iovinianus' (gest. ca. 405) Lehren wurden 390 von einer Synode unter Papst Ambrosius (vgl. Anm. 139) verurteilt. Sie richteten sich gegen die Vorstellung der Höherwertigkeit asketischer Lebensformen, womit er beispielsweise das Eheleben mit dem keuschen Leben gleichsetzte. Dagegen richtet sich Hieronymus, der die Jungfräulichkeit über die Ehe stellte.

24 Griech. Philosoph und Naturforscher (ca. 371–ca. 287 v. Chr.).

25 Marcus Tullius Cicero (106–43 v. Chr.) heiratete zwischen 80 und 77 v. Chr. die wohlhabende Terentia (ca. 98 v. Chr.–ca. 4 n. Chr.), von der er sich ca. 46 v. Chr. scheiden ließ. Aulus Hirtius (ca. 90–43 v. Chr.) war ein röm. Politiker und Schriftsteller.

26 Das höchste zivile und militärische Amt der Röm. Republik steht hier als Metapher für eine vorbildliche Lebensführung.

27 Lucius Annaeus Seneca (ca. 1–65). Senecas *Briefe an Lucilius*, einen röm. Ritter (geb. 6), gelten als dessen philosophisches Hauptwerk.

28 4 Mose 6,21; Ri 16,17; Am 2,11.

29 Josephus Flavius (37 oder 38–nach 100), röm.-jüdischer Historiker, sein Hauptwerk sind die zwanzigbändigen *Jüdischen Altertümer* (lat. *Antiquitates Judaicae*).

30 Mk 1,2 ff.

31 Augustinus von Hippo (354–430), einer der vier lat. Kirchenväter und bedeutender Philosoph und Theologe. Er überführte antike Vorstellungen in die christliche Lehre und wurde zu einer der wichtigsten Autoritäten des Mittelalters. Sein 413 bis 426 verfasstes Werk *Vom Gottesstaat* (lat. *De civitate Dei*) thematisiert die Lage der Christen nach der Eroberung des christianisierten Römerreichs durch die Westgoten im Jahr 410.

32 Griech. Philosoph (ca. 570–nach 510 v. Chr).

33 Ein Strudel an der Westseite der nördlichen Einfahrt in die Straße von Messina. In der griech. Mythologie wurde dieser Strudel von einem weiblichen Ungeheuer verkörpert, das drei Mal am Tag das Wasser seiner Umgebung einsaugt und wieder ausspeit.

34 3 Mose 22,24.

35 Marcus Annaeus Lucanus, *Der Bürgerkrieg* (vgl. Anm. 14). Cornelia Metella (1. Jh. v. Chr.), die Ehefrau des Gnaeus Pompejus Magnus, klagt sich als Schuldige an der Niederlage ihres Gatten an.

36 Über das Leben des christlichen Gelehrten und Theologen Origenes (ca. 185–ca. 254) gibt insbesondere das Werk des als «Vater der Kirchengeschichte»

bezeichneten Eusebius von Caesarea (260 oder 264–338 oder 339) Auskunft.

37 Mt 15,14.

38 Dieses Provinzialkonzil, also eine Versammlung der Bischöfe einer Kirchenprovinz, fand im März oder April 1121 statt. Als päpstlicher Legat in Frankreich und Deutschland berief und leitete Kuno von Praeneste (ca. 1060–1122) die Synode.

39 5 Mose 32,31.

40 Joh 8,26.

41 Gottfried von Lèves (gest. 1149), frz. Geoffroy de Lèves, Bischof von Chartres 1115–1149.

42 Ps 80,12.

43 Joh 7,51.

44 Athanasius der Große (ca. 295–373), Bischof von Alexandria. Gehört mit Basilius dem Großen (ca. 330–379), Gregor von Nazianz (ca. 329–390) und Johannes Chrysostomus (344 oder 349–407) zu den vier griech. Kirchenvätern.

45 In Abwandlung von Dan 13,48 f.: Dort wird in der als *Susanna im Bade* bekannten Erzählung diese «Tochter Israels» von zwei Richtern zu Unrecht des Ehebruchs bezichtigt und durch eine Eingebung des Propheten Daniel gerettet. Die falschen Zeugen, die Susanna selbst begehrten, wurden getötet.

46 Eines der drei großen Glaubensbekenntnisse der westlichen Kirchen, das laut Überlieferung von Athanasius (vgl. Anm. 44) stammt. Wahrscheinlich geht es aber auf einen unbekannten Kompilator augustinischer Prägung zurück, der Texte verschiedener lat. Kirchenväter zusammenstellte.

47 Antonius (ca. 251–356), einer der ersten Mönche in der ägyptischen Wüste. Das Zitat stammt aus einer

der wichtigsten Quellen zu seinem Leben, dem *Leben des Antonius* (lat. *Vita Antonii*) des Athanasius von Alexandrien (ca. 295–373).

48 Beda Venerabilis (672 oder 673–735), engl. *the Venerable Beda*, angelsächsischer Benediktinermönch, Theologe und Geschichtsschreiber.

49 Der heilige Dionysius entstand aus einer Zusammensetzung dreier verschiedener historischer Personen: dem Paulus-Schüler und ersten Bischof von Athen (lat. Dionysius Areopagita; 1. Jh.), dem Märtyrer Dionysius aus dem 3. Jh. und einem anonymen Verfasser mehrerer theologisch-philosophischer Texte, die dieser im 6. Jh. schrieb und die unter dem Namen des Dionysius Areopagita das ganze Mittelalter hindurch wirkmächtig blieben. Die von Hilduin (775 oder 785–zwischen 855 und 858) verfasste Vita verbindet nicht nur diese drei Quellen, sondern identifiziert darüber hinaus auch den Bischof von Athen mit Dionysius, dem Märtyrerbischof von Paris (gest. ca. 250). Abaelard führte dagegen Beda (vgl. Anm. 48) als konkurrierende Tradition ein, nach der Dionysius Bischof von Korinth gewesen sei, was aus heutiger Sicht ebenfalls nicht richtig ist.

50 Zu diesem Zeitpunkt war Ludwig VI. (1081–1137), frz. Louis VI, König von Frankreich.

51 Vermutlich handelt es sich um Theobald den Großen (1093–1152), frz. Thibaut IV de Blois, der ab 1125 auch Graf von Troyes war.

52 Ps 55,8.

53 2 Kön 6,1 f.

54 Rusticus (gest. 461), gallischer Mönch, möglicherweise identisch mit dem gleichnamigen Bischof von Narbonne (ab ca. 427), ist der Adressat des

125. Briefs des Hieronymus, den dieser um 411 verfasste.

55 Röm 8,28.

56 Marcus Fabius Quintilianus (35–ca. 96), röm. Rhetoriker.

57 Joh 12,19.

58 Lk 16,3.

59 Von lat. *paracletus*, «Helfer», «Beistand». In der johanneischen Tradition ist der Träger des Trostes der Heilige Geist bzw. der «Geist der Wahrheit».

60 2 Kor 1,3 f.

61 Lat. *Veritas* (in Großschreibung) entspricht hier «Gott». Vgl. Joh 14,6: «Ich bin der Weg und die Wahrheit und das Leben.»

62 Joh 14,16.

63 1 Kor 6,17. und 19.

64 Gildas (ca. 504–569) war ein Vertreter des keltischen Christentums und laut einer in der Bretagne im 11. Jh. entstandenen Vita der Gründer dieses ältesten Klosters der Bretagne.

65 Ps 77,2 ff.

66 2 Kor 7,5.

67 Lk 19,30. Moderne Zählung der Einheitsübersetzung hier abweichend von der vom Übersetzer verwendeten (revidierten) Lutherversion (vgl. Editorische Notiz): Lk 14,30.

68 Getauft Gregorio Papareschi di Guidoni (gest. 1143), Papst von 1130 bis zu seinem Tod.

69 An Asella (geb. ca. 334), die Tochter einer röm. Patrizierfamilie, richtete Hieronymus seinen 45. Brief.

70 Est 2,3.

71 Apg 8,27 ff.

72 Spr 22,1.

73 Lk 8,1–3.

74 Dieses Zitat wurde Papst Leo IX. (1002–1054), getauft auf den Namen Bruno von Egisheim-Dagsburg, amtierend von 1049 bis zu seinem Tod, im Werk *Panormia* zugeschrieben. Das Ivo von Chartres (ca. 1040–1115) zugemessene Werk ist eine Art kirchenrechtliches Handbuch, das um 1115 entstanden ist. Der von Abaelard verwendete Titel *Contra epistulam Parmeniani* dagegen stammt von Augustinus (vgl. Anm. 31), der in drei Büchern auf die Donatisten reagierte.

75 1 Kor 9,5.

76 Lk 7,39.

77 Joh 19,27.

78 1 Kön 17,10.

79 Lk 1,5 ff.

80 Hieronymus schrieb *Die Geschichte von der Gefangenschaft des Mönches Malchus* (lat. *Vita Malchi*) wohl um 391. Malchus wird von seinen Eltern zur Ehe gezwungen, seine Lebensgeschichte handelt vom ständigen Konflikt zwischen Keuschheit und Ehe.

81 Apg 6.

82 1 Kor 11,3.

83 1 Kor 11,4 ff.

84 Zitat des röm. Satirendichters Decimus Iunius Iuvenalis, gen. Juvenal (Mitte 1. Jh.– Ende 1. Viertel 2. Jh.) aus seinem Werk *Satiren* (lat. *Saturae*). Gemeinhin wird das lat. Original: *«intolerabilius nihil est quam femina dives»* eher übersetzt mit: «Nichts ist unerträglicher als eine wohlhabende Frau.»

85 1 Mose 4,14.

86 Benedikt von Nursia (ca. 480–547), Einsiedler und Abt, Begründer des ersten Benediktinerklosters

Monte Cassino und Verfasser der Ordensregel *Regula Benedicti*.

87 Joh 15,18f. in veränderter Reihenfolge zitiert.

88 2 Tim 3,12.

89 Gal 1,10.

90 Nepotianus (ca. 365–ca. 396), Neffe des Heliodorus (vgl. Anm. 91). Hieronymus widmet ihm den 52. Brief *Ad Nepotianum*.

91 Dieser 14. Brief des Hieronymus richtet sich an seinen Freund Heliodorus, Bischof von Altinum (geb. ca. 330).

92 Röm 8,28.

93 Spr 12,21.

94 Röm 15,20.

95 Mt 7,6.

96 Abaelard bezieht sich auf einen Dialog des sokratischen Philosophen Aeschines von Spetthos (ca. 430–360 v. Chr.): Aspasia (5. Jh.), griech. Philosophin und Rhetorikerin, zweite Frau des Perikles (ca. 490–429 v. Chr.), belehrt Xenophon (440/426–ca. 355 v. Chr.), griech. Feldherr, Politiker und Schriftsteller, und dessen Frau, wie die Liebe das Streben nach Vortrefflichkeit hervorruft.

97 1 Mose 19,26.

98 Joh 1,16.

99 Vgl. Röm 16,20.

100 1 Thess 5,17.

101 2 Mose 32,10.

102 Jer 7,16.

103 2 Mose 32,14.

104 Ps 33,9.

105 Hab 3,2.

106 Ri 11,30ff.

107 Ps 100,1.
108 Jak 2,13.
109 Jak 2,13.
110 1 Sam 25.
111 Mt 18,20.
112 Mt 18,19.
113 Jak 5,16.
114 Gregor der Große (ca. 540–604), als Gregor I. Papst von 590 bis 604, zählt zu den vier lat. Kirchenvätern. Zu seinen wichtigsten Schriften zählen eine Pastoraltheologie *(Liber regulae pastoralis)*, ein Hiobskommentar *(Moralia in Iob)* und 64 Homilien, also Predigten, die einen Bibeltext auslegen und Hinweise zur praktischen Lebensführung der Christen enthalten.
115 Hebr 11,35.
116 Lk 7,11 ff.
117 Joh 11,44.
118 Mk 5,22 ff.
119 Spr 12,4.
120 Spr 18,22.
121 Spr 19,14.
122 Sir 26,1.
123 Sir 26,3.
124 1 Kor 7,14.
125 Der Merowinger Chlodwig I. (466–511) gilt als Begründer des Frankenreichs, Ende des 5. Jh. trat er zum katholischen Christentum über, dem seine zweite Frau Chrodechilde (gest. 544) bereits angehörte.
126 Lk 11,8.
127 Die Gebetszeiten des Stundengebets.
128 Mk 16,1 ff.; Lk 23,55 ff.

129 Mt 6,34.
130 Gedicht von Marcus Annaeus Lucanus (vgl. Anm. 14).
131 Spr 7,24–27.
132 Koh 7,26 f.
133 1 Mose 3,6.
134 Ri 16,17 ff.
135 Ri 13,3 ff.
136 1 Kön 11.
137 Ijob 10,1.
138 Andere Bezeichnung von Gregor dem Großen, vgl. Anm. 114.
139 Ambrosius von Mailand (333/334 oder 339–397), röm. Politiker, ab 373 oder 374 Bischof und einer der vier lat. Kirchenväter. Zahlreiche Schriften, darunter eine erste systematische christliche Sittenlehre *(De officiis ministrorum)*. Darüber hinaus erbaulich-seelsorgerische Schriften, exegetische Werke, Briefe und Hymnen.
140 Röm 7,24.
141 Röm 7,25.
142 Ps 7,10.
143 Ps 37,27.
144 Jes 3,12.
145 Ez 13,18.
146 Koh 12,11.
147 Jer 17,9.
148 Spr 16,25 und 14,12.
149 Sir 11,29. Moderne Zählung (vgl. Anm. 67): 11,28.
150 2 Kor 12,9.
151 2 Tim 2,5.
152 Geboren als Julia von Rom (ca. 368–419 oder 420). Das nachfolgende Zitat ist die Anrede eines Briefs

des Hieronymus, bekannt unter dem Titel *Über die Bewahrung der Jungfräulichkeit* (lat. *De custodia virginitatis*), den ihr der Kirchenvater 384 schrieb. Gemeinsam mit ihrer Mutter Paula verließ sie Rom und gründete 386 in Bethlehem ein Frauenkloster.

153 Ps 45,10.

154 4 Mose 12,1.

155 Hld 1,4–6. In den folgenden Auslegungen verwendet Abaelard die Hautfarbe der Äthiopierinnen als Metapher für das schwarze Gewand der Nonnen. Solche Hoheliedauslegungen erfreuen sich seit Bernhard von Clairvaux großer Beliebtheit, um die Vereinigung der Seele mit Gott zu beschreiben.

156 1 Tim 5,3 und 16.

157 Mt 27,61; Lk 23,27.

158 1 Mose 49,12.

159 2 Tim 3,12.

160 Ps 45,14.

161 Hld 2,1.

162 Mt 25.

163 Mt 25.

164 Hld 3,1.

165 Hld 1,5.

166 Mt 6,6.

167 Mt 15,6.

168 Joh 14,6.

169 1 Kor 6,17.

170 Röm 12,15.

171 Spr 18,17.

172 Lk 18,14.

173 Spätantike und mittellat. Bezeichnung für Vergil (70–19 v. Chr.).

174 Ps 40,18.

175 2 Kor 12,8.
176 Der christliche Philosoph (vgl. Anm. 36) soll sich nach seiner allzu wörtlichen Interpretation von Mt 19,12 «Manche sind von Geburt an zur Ehe unfähig, manche sind von den Menschen dazu gemacht, und manche haben sich selbst dazu gemacht – um des Himmelreiches willen» selbst kastriert haben, die neuere Forschung zweifelt das an.
177 Mt 18,8.
178 Jes 56,4f.
179 Röm 10,2.
180 Luk 1,49.
181 Alternative Transkription des hebr. Gottesnamens Elohim.
182 Sir 19,2.
183 Apg 26,14.
184 Hebr 12,6.
185 Spr 13,24.
186 Nah 1,9.
187 Lk 21,19.
188 Spr 16,32.
189 Lk 23,27.
190 Lk 23,28–31.
191 Klgl 1,12.
192 Jes 53,7.
193 Sach 12,10.
194 Gal 6,14.
195 Joh 15,13.
196 Marcus Annaeus Lucanus, *Der Bürgerkrieg* (vgl. Anm. 14). Pompejus heiratete in fünfter und letzter Ehe Cornelia Metella (vgl. Anm. 35), die Witwe des röm. Legaten Publius Licinius Crassus (gest. 53 v. Chr.).
197 2 Tim 2,5.

198 Joel 1,17.
199 Apg 8,26 ff.
200 Ps 26,2.
201 1 Kor 10,13.
202 Lat. Ehrentitel, dt. Peter der Ehrwürdige, von Pierre Maurice de Montboissier (1092 oder 1094–1156), Theologe und 1122 bis 1156 Abt von Cluny, Auftraggeber der ersten Übersetzung des Korans ins Lateinische.
203 Abaelard wird in diesen Texten mit der lat. Version seines Vornamens angesprochen.
204 Gal 1,15.
205 2 Mose 15,20 f.
206 Ijob 41,26.
207 Ijob 40,29.
208 Ez 31,8.
209 Ez 1,13.
210 Ri 4.
211 Ri 5.
212 Joel 4,18.
213 Marcigny-sur-Loire, 1055 von Hugo von Semur (1024–1109), frz. Hugues de Semur, Abt von Cluny, als erstes cluniazensisches Frauenkloster gegründet.
214 Vermutlich sind gemeint: Germanus von Auxerre (ca. 378–448), galloröm. Politiker, später Asket und Bischof von Auxerre; Martin von Tours (ca. 336–397), zunächst röm. Soldat, dann Bischof von Tours, als einer der bekanntesten Heiligen der katholischen Kirche verkörperte er das spätantike Ideal des in Askese lebenden Kirchenmanns. Die beiden werden oft gemeinsam genannt, da sie für die Ausbreitung des Christentums in Gallien sehr wichtig waren.
215 Der keltische Name für den Fluss Saône.

216 Mt 25,1–13.

217 Röm 5,12 und 6,23.

218 Das vor Chalon-sur-Saône gelegene, der Abtei Cluny angegliederte Priorat Saint-Marcel ist nach Marcellus benannt, einem burgundischen Lokalheiligen, der dort 179 den Märtyrertod starb.

219 Mt 11,29.

220 Immer wieder auftauchende abweichende Schreibweise von Heloïses und Abaelards Sohn Astralabius (vgl. Anm. 21).

221 Lk 10,16.

NACHWORT

Von allen Damen, die im Frankreich des 12. Jahrhunderts lebten, ist Heloïse wohl diejenige, deren Spuren sich in unserer Erinnerung am wenigsten verflüchtigt haben. Was wissen wir über sie? In Wirklichkeit nicht viel. Sorgfältige Nachforschungen in den Quellen der Archive haben ergeben, dass sie dem Hochadel der Île-de-France entstammt. Vonseiten des Vaters eine Nachkommin der Montmorency und der Grafen von Beaumont, in mütterlicher Linie aus dem Geschlecht der Vizedom von Chartres, gehörte sie – wie Abaelard übrigens auch – einem der beiden Clans an, die sich im Umkreis Ludwigs VI. zu Beginn des 12. Jahrhunderts um die Macht stritten. 1129 entdecken wir Heloïse als Priorin der Frauenabtei von Argenteuil: eine wichtige Position, die sie ihrer Geburt verdankte. 1129 wurde das Kloster gerade aufgelöst. Heloïse führte eine Gruppe der vertriebenen Nonnen in die Champagne, in die Nähe der Einsiedelei, die Abaelard – vom Heiligen Geist, dem Paraklet, dem Tröster, zu diesem Werk berufen – daselbst gegründet hatte. Sie wurde Äbtissin des neuen, nach dem Paraklet benannten Klosters. Abaelard, voller Fürsorge, schrieb für die Nonnen Hymnen und Andachten, von denen eine, der heiligen Susanna gewidmet, ein Lob der Keuschheit ist. Erhalten sind uns auch die zweiundvierzig Fragen, die Heloïse Abaelard mit der Bitte um Lösung unterbreitete. In der letzten – der einzigen, die sich nicht auf Schwierigkeiten mit den Texten der Heiligen Schrift bezieht – fragt sie, «ob ein Mensch sündig werden kann, wenn er vollbringt, was Gott gebilligt und sogar befohlen hat». Abaelard antwortet mit einer kleinen Abhandlung über die Ehe, die eheliche Moral und die Notwendigkeit, die Begierde und die Lust zu unterdrücken.

Das Aufschlussreichste, das Zuverlässigste auch, was wir über diese Frau erfahren, steht in einem Brief aus dem Jahr 1142. Drei Personen werden evoziert: Heloïse, eine Frau von über vierzig Jahren, die nach den Kriterien der damaligen Zeit bereits zur Kategorie der Alten zählt, und zwei Männer. Beide heißen Petrus. Der eine, Petrus Venerabilis, Abt von Cluny, steht an der Spitze einer mächtigen Kongregation, die Niederlassungen in ganz Europa hat und den hochwürdigsten Inbegriff der Monarchie darstellt: ein geachteter Mann, der verehrt wird und dessen moralische Autorität sich mit der des Papstes messen kann, ja diese vielleicht noch übertrifft. Der andere ist Petrus Abaelardus, «Meister Abaelard», der kühnste Lehrer seiner Zeit: Mit dreiundsechzig Jahren ist er gerade in einem der Klöster von Cluny, wo Petrus Venerabilis ihm Zuflucht gewährt hatte, gestorben.

Der Brief ist an Heloïse gerichtet. Der Abt von Cluny hat ihn verfasst. Er ist ein Schriftsteller, der großen Ruhm genießt, der es liebte, mit den Wörtern, den Sätzen zu spielen. Er brilliert in dieser Kunst. Er setzt sein ganzes Geschick, sein ganzes vollkommenes Wissen um die Regeln der Rhetorik darein, diese Epistel zu polieren: ein Trostbrief von der Art, wie in den Klöstern des 12. Jahrhunderts viele geschrieben wurden. Durch solche Mitteilungen von Kloster zu Kloster, durch solche lange abgewogenen, im Ausdruck geschliffenen Botschaften, die der Empfänger nicht etwa für sich alleine las, sondern laut, vor der versammelten geistlichen Familie, mit der er sein Leben betend und büßend verbrachte, durch diese Schriften, von denen die besten kopiert, weitergereicht und später – wie bei dem Brief von Petrus Venerabilis der Fall – in

Sammelbänden zusammengefasst wurden, fand ein reger Gefühls- und Gedankenaustausch zwischen den Mönchen und den Nonnen statt, diesen Männern und Frauen, die sich vom Trubel der Welt zurückgezogen hatten, weil sie überzeugt waren, sich durch die Entsagung auf den höchsten Gipfel der menschlichen Werte zu erheben. Von der ganzen in lateinischer Sprache gehaltenen Literatur der damaligen Zeit hat diese Art Briefwechsel wohl die stärksten, die originellsten Schriftstücke hervorgebracht – diejenigen jedenfalls, die am besten Aufschluss über Verhaltensweisen und Geisteshaltungen geben.

Durch einen Mittelsmann, den Grafen von Champagne, hat Petrus Venerabilis ein Handschreiben von Heloïse bekommen, einen bangen Hilferuf. Um sie aufzurichten, erzählt er ihr, welches Leben Abaelard während der letzten Monate in seinem Kloster geführt hat: ein exemplarisches, erbauliches Leben. Als vollkommener Mönch, mit der letzten Wegzehrung versehen, von allen Sünden reingewaschen, hat er einen sehr schönen Tod gehabt. Was Heloïse betrifft, so liefert dieses unbestreitbar authentische Zeugnis zwei kostbare Hinweise. Zum einen stellt Petrus Venerabilis auf Heloïse bezogen fest, Abaelard sei «Dein», denn sie, so sagt er –

ohne ausdrücklich von Ehe zu sprechen –, sei mit ihm durch die «Bande des Fleisches» vereinigt gewesen und habe diese Bindung später durch das noch stärkere Band der Gottesliebe befestigt; mit Abaelard «und unter ihm» habe sie lange dem Herrn gedient; nun habe Gott sich seiner angenommen; an Heloïses Platz, als ihr «anderes Ich», wärme er ihn «in seinem Schoß», um ihn ihr zu bewahren und ihn ihr am Tag des Jüngsten Gerichts zur ewigen Wiedervereinigung zurückzugeben. Andererseits beginnt der Brief mit einer langen Huldigung an Heloïse. In dieser Lobrede erscheint sie als mustergültige Äbtissin, als gute Feldherrin einer kleinen Frauenschwadron, die unermüdlich gegen den Teufel kämpft, der «immer schon den Frauen nachstellte»: Schon seit Langem tritt Heloïse die Schlange mit Füßen, und sie wird ihr das Haupt zermalmen. Ihr Kampfeseifer macht sie zu einer neuen Penthesilea, Königin der Amazonen, ähnlich den starken Frauen des Alten Testaments. Heloïses Kraft beruht vor allem auf ihren intellektuellen Fähigkeiten. Schon als junge Frau hat sie Verwunderung ausgelöst: Ohne sich von weltlichen Genüssen ablenken zu lassen, hat sie nur ans Studieren gedacht und die Wissenschaft so emsig betrieben, dass es ihr, einer

Frau, gelungen ist, in Dingen des Geistes nicht nur ihre Gefährtinnen, sondern auch, o Wunder, «fast alle Männer zu übertreffen». Indem sie sich dann für das Kloster entschied, änderte sie nicht nur ihr Leben; sie gab auch dem, was sie im Kopf hatte, einen neuen Sinn: In vollständiger Unterwerfung stellte sie es in den Dienst des Herrn und wurde so eine «wahrhaft philosophische Frau». Darin liegt ihre Stärke.

Dieses Bild überrascht. Es passt schlecht zu dem, was der Name Heloïse in uns wachruft. In der Tat ist die Gestalt der Heloïse tief ins Imaginäre ganz Europas eingedrungen, und diese Gestalt ist nicht die der beispielhaften Nonne, der Petrus Venerabilis in seinem Schreiben huldigt und deren Tugenden nach ihm Bernhard von Clairvaux lobpreisen wird. Als Jean de Meung im Paris des ausgehenden 13. Jahrhunderts Heloïse einige Verse des *Rosenromans* widmete, besang er nicht ihre Weisheit, sondern das, was sie «vielen Leuten toll» erscheinen ließ. Diese Tollheit reizte auch Petrarca. Sie rührte Rousseau, Diderot und sogar Voltaire. Diese Tollheit gewann die Herzen der Romantiker: Selbstvergessen weilten sie am Grab der Äbtissin auf dem Friedhof Père-Lachaise, und noch heute sieht man am Seineufer unterhalb von Notre-Dame eine Inschrift auf der Wand eines um 1830 erbauten Hauses, die den angeblichen Ort bezeichnet, an dem sich Heloïse allen Wallungen der Liebesglut hingegeben haben soll. Rilke schloss sich an, dann Roger Vailland und viele andere, bis heute. Seit Jean de Meung ist die Heloïse unserer Träume die Nummer eins der freien Liebe, die sich gegen den Ehestand auflehnte, weil er bindet und die freiwillige Hingabe des Körpers in eine Pflicht verwandelt. Sie ist die leidenschaftlich Liebende, unter ihrer Nonnentracht von Sinnlichkeit verzehrt, die Rebellin, die selbst Gott die Stirn zu bieten wagte: die sehr frühe Heldin einer Befreiung der Frau.

Dieses Bild, so anders als das erste, beruht auf einem Ereignis, über das wir durch zwei andere Briefe informiert werden, auch sie authentisch – so scheint es jedenfalls: Sicher ist das nie bei dieser Art von Texten, die oft reine Bravourstücke sind, Muster eines schönen Stils, um auf den literarischen Versammlungen zu glänzen, oder auch als Beispiele des geschliffenen Ausdrucks für Anfänger im Studium der freien Künste komponiert. Beide Briefe sind an Abaelard gerichtet. Der erste hat, wie der von Petrus Venerabilis, die Form eines Trostbriefes. Er stammt von Fulco, Prior der Abtei von Deuil, nahe Montmorency – ein Mann aus dem gleichen Kreis einflussreicher Familien, dem Abaelard und Heloïse angehörten. Abaelard ist Opfer eines gemeinen Anschlags geworden: Man hat ihn kastriert. Darüber möge er jedoch nicht zürnen, schreibt Fulco, er möge seinen Hass zurückstecken, nicht nach Rache trachten. Seit er dem Kloster von Cluny beigetreten sei, habe er mit der Welt nichts mehr zu schaffen. Im Übrigen würden die Übeltäter gehörig bestraft, ihrerseits entmannt und obendrein geblendet; dem Anstifter, der sie gerüstet habe, seien die kirchlichen Pfründen konfisziert worden. Vor allem aber möge Abaelard bedenken, welchen Gewinn er aus dieser Prüfung ziehe: Immerhin sei er jetzt frei – frei und gerettet. Nachdem er doch auf dem besten Wege war, ins Verderben zu stürzen. Zum Beweis führt Fulco ihm diesen seinen Weg bis zum Augenblick des Dramas noch einmal vor Augen. Erst der unbeschreibliche Erfolg, die Massen, die von allen Seiten herbeiströmten, um Meister Abaelard, «die klarste Quelle der Philosophie», zu hören. Dann der jähe Sturz. Verursacht, «wie man sagt», durch die «Liebe» – hier zu verstehen als die männliche Begierde –, die «Liebe aller Frauen: Denn mit den Netzen der Begierde fangen sie die Buhler ein». Das ist alles, was Fulco dazu sagt: Er ist Mönch, und Mönche sprechen über solche Dinge nicht. Umso beharrlicher insistiert er auf Abaelards Hochmut: «Ausgestattet mit einem Übermaß an Gaben (…), wähntest Du Dich allen überlegen, selbst den Gelehrten, die vor Dir sich dem Werk der Weisheit hingegeben hatten.» *Superbia,* das erste Übel. Das zweite, *avaritia:* Der Beruf des Hochschullehrers in Paris ernährte damals seinen Mann so gut, dass Abaelard reich geworden war. Schließlich die Wollust: «Alles, was Du mit Deinem feilgebotenen Wissen verdienen konntest, warfst Du unausgesetzt in den Schlund buhlerischen Aufwandes. Die gierige Habsucht der Dirnen hat Dir alles geraubt.» Und siehe da, nun bist du geheilt, durch die bloße Entfernung eines «kleinen Körperteils». Welch eine Wohltat! Vor allem hast du, wenn du weniger verdienst, auch weniger auszugeben: Jetzt, da sie nicht mehr um die Frauen ihres Hauses fürchten müssen, werden deine Freunde dir die Tür öffnen. Schluss auch mit den Versuchungen, den Fantasien von Unzucht, von Sodomie, Schluss mit den nächtlichen Samenergüssen. Die Kastration also – eine Erlösung! Entsprechend den Regeln der Rhetorik endet der Brief mit einem *planctus,* einer Beklagung des Unglücks. Ganz Paris, schreibt Fulco, sei in Trauer, der Bischof, sein Klerus, die Bürger auch, und vor allem die Frauen. «Muss ich an all die weinenden Frauen erinnern? Bei dieser Nachricht brachen sie in Schluchzen aus, und ihr Gesicht war in Tränen gebadet, denn sie hatten Dich, ihren Ritter, verloren. Es war, als hätte der Krieg einer jeden ihren Gatten *(vir)* oder Geliebten *(amicus)* entrissen.»

Roscelin, ein Lehrer, dessen Schüler Abaelard einst in der Touraine gewesen war, ist der Verfasser der anderen Epistel, die kein Trost-, sondern ein Schmähbrief ist. Roscelin antwortet Abaelard, weil dieser gegen ihn und für Robert von Arbrissel Partei ergriffen hat, den erleuchteten Apostel, der bedrängte Frauen in Fontevraud aufnahm, jenem Doppelkloster, dessen Ordensregel gegen die natürliche Rangordnung verstieß: Wie im Paraklet, das diese Regel übernehmen sollte, waren die Mönche den Nonnen und der Führung einer Äbtissin unterstellt. Roscelin, Fürstreiter der sozialen Ordnung, greift in seinem Brief zuerst Hochwürden Robert an: «Ich kann bezeugen», schreibt er, «dass dieser Mann Frauen in sein Kloster aufnahm, die ihrem Gatten entflohen waren, die von ihrem Gatten zurückgefordert wurden und die er dennoch hartnäckig bis zu ihrem Tode festhielt... Wenn aber eine Ehefrau sich weigert, ihre Pflicht gegenüber dem Gemahl zu erfüllen, wenn dieser darum gezwungen ist, hier und dort zu huren, liegt das schlimmere Übel bei der, die ihn zwingt, und nicht bei dem, der handelt. Schuld am Ehebruch ist die Frau, die ihren Mann im Stich lässt, während er zu sündigen gezwungen ist.» Und noch schuldiger ist natürlich der, der diese Frauen nicht herausgibt. Doch das Wesentliche für uns ist hier der direkte Angriff Roscelins gegen seinen ehemaligen Schüler: «Ich sah Dich in Paris, Gast des Kanonikers Fulbert, in seinem Hause aufgenommen, in Ehren an seinem Tisch empfangen wie ein Freund, ein Vertrauter. Er hatte Dir, damit Du sie unterweisest, seine Nichte anvertraut, eine sehr züchtige Jungfrau ... Von zügelloser Wollust beseelt, hast Du sie nicht Räsonieren, sondern Huren gelehrt. Durch diese *eine* Missetat hast Du Dich vieler Verbrechen schuldig gemacht: des Verrats, der Hurerei sowie der schmutzigen Verletzung der jungfräulichen Scham.» Aber damit nicht genug: Auch jetzt, da er entmannt ist, sündigt Abaelard noch durch die Frau. Der Abt von Saint-Denis gestattet ihm, zu lehren. «Doch das», sagt Roscelin, «was Du verdienst, indem Du Unwahrheiten lehrst, bringst Du Deiner Hure als Entgelt für geleistete Dienste. Du bringst es ihr persönlich, und was Du einst, da Du kein Krüppel warst, als Preis für das erhoffte Vergnügen gabst, gibst Du aus Erkenntlichkeit, Dich schwerer durch die Bezahlung vergangener Unzucht als durch den Kauf neuer versündigend.»

Halten wir uns nicht mit den sprachlichen Übertreibungen auf. Die Gesetze der brieflichen Eloquenz verlangten in diesem barocken Zeitalter eine ungestüme Ausdrucksweise. Denken wir im Augenblick nur an den Inhalt der drei Briefe. Es geht um zwei berühmte, zwei sehr berühmte «Philosophen», die sich in fleischlicher, in körperlicher Liebe vereinigt hatten. «Bande des Fleisches», sagt Petrus Venerabilis; «Hurerei», sagt Roscelin. Jedenfalls waren sie ein Paar, und dieses Paar hatte Bestand. Nachdem sie beide dem Ordensstand beigetreten waren, gingen sie im Gleichschritt den Weg des Heils, die Frau jedoch dem Manne untertan, «unter ihm» Gott dienend. Der Mann ist, wie es sich gehört, stets der Handelnde. Er ist es, der aktiv durch das ganze Abenteuer führt.

Die Liebe «der Frauen», und nicht nur einiger, sondern «aller Frauen» hat ihn ins Verderben gestürzt. Hochbegabt, des Ruhmes voll und außerdem ein reicher Mann, konnte er seine Begierden nach Lust und Laune befriedigen. Zumal in Paris, der Stadt der wohlfeilen Wissenschaft und der käuflichen Frauen. War der junge Abaelard also ein Weiberheld? Was ist Wahres daran? Steht hinter diesem Eindruck nicht die übelwollende Hetze der Orthodoxen gegen die neue Sorge um das Seelenheil der Frauen, die in den Anfängen des 12. Jahrhunderts manche Diener Gottes dazu brachte, sich ihnen nicht mehr ganz so fernzuhalten? Die Hetze gegen Männer wie Robert von Arbrissel und seine Nacheiferer, über die nur allzu gern erzählt wurde, dass ihre Jünger Unzucht mit den Büßerinnen trieben?

Doch im Fall Abaelard war die Sache klar: Er hatte sich der jungen Heloïse bemächtigt. Eine banale Geschichte im Grunde. Wir kennen die fröhliche Sexualität mit Abhängigen in den Hausgemeinschaften der damaligen Zeit. In dieser nun, der großen Hausgemeinschaft eines wohlgeborenen Kanonikers, lebte eine Jugendliche, die Nichte des Hausherrn, und sie war frei. Gute Beute also. Nicht unähnlich den zarten Jungfrauen der Ritterromane, die dem fahrenden Helden nach allen Regeln der Gastfreundschaft freigebig von dem Vater für die Nacht seines Aufenthalts gegeben wurden. Bei Heloïse allerdings war der Hausherr nicht einverstanden. Er ließ den Verführer kastrieren. 1113, wie es scheint: Im darauffolgenden Jahr verschwindet der Name Fulbert – des Anstifters der Kastration, der nach Fulcos Aussagen mit der Konfiszierung seiner Güter bestraft wurde – tatsächlich für fünf Jahre aus dem Verzeichnis der Kanoniker von Notre-Dame. Ein Unfall. Doch in der kleinen Welt der Pariser Schulen und des Königshofs galt das Ereignis als Skandal: ein hoch angesehener Gelehrter, entmannt wegen einer Frau, deren Wissenschaft ebenfalls berühmt war. Stellen wir uns vor, ein so gemeiner Angriff wäre Jean-Paul Sartre im Paris der Fünfzigerjahre widerfahren! Es wurde viel darüber geredet, lange Zeit. Dieser aufsehenerregende Fall bot guten Stoff, um eine schöne moralische Lektion zu konstruieren und allerhand Probleme anzusprechen, die den Gelehrten im Norden Frankreichs Anfang des 12. Jahrhunderts zu schaffen machten. Probleme, die den intellektuellen Berufsstand betrafen, sein Verhältnis zu den Eitelkeiten dieser Welt, dem Hochmut, der Habsucht. Vor allem aber Probleme der Sexualität. Dieselben Probleme nun finden wir in einer Briefesammlung abgehandelt, die in der Abtei des Paraklet zusammengestellt wurde. Den eigenen Angaben zufolge soll sie um 1132 geschrieben worden sein, neunzehn Jahre nach dem unerfreulichen Ereignis. Doch die älteste auf uns überkommene Handschrift dieser berühmten Briefe stammt aus einer viel späteren Zeit: aus den Jahren, da Jean de Meung sie voller Begeisterung aus dem Lateinischen übersetzte. Seither haben Generationen sie gelesen, über Generationen haben sie die Gemüter bewegt. Heloïse und Abaelard sind da.

In ihren ersten Anfängen hat die Liebe zwischen Abaelard und Heloïse etwas von dem, was wir «höfische Liebe» zu nennen pflegen. Gewiss, Abaelard ist ein Gelehrter. Doch die Pariserinnen sehen ihn – wie Fulco von Deuil in seinem Brief ausdrücklich sagt – als einen «Ritter», einen jener stürmischen, eroberungslustigen Junggesellen, die, ähnlich Lanzelot, ähnlich den galanten Helden der Ritterromane, beutemachend das Land durchstreifen. Abaelard ist sehr begabt, er hat alles, was den Frauen gefällt, alles, um die Schönen anzuziehen. Die Gründe seines Erfolgs offenbart Heloïse im zweiten Brief: «Und daher vor allem seufzten die Frauen in Liebe zu Dir. (...) Denn welcher Vorzug des Körpers und des Geistes zierte nicht Deine Jugend?» Aber damit nicht genug: «Zweierlei – ich gestehe es – war es vor allem, womit Du die Herzen» – *animus*, den animalischen, triebhaften Anteil der Weiblichkeit – «aller Frauen sofort gewinnen konntest: eine Ausstrahlungskraft der Dichtung und des Gesanges». Abaelard erscheint hier als ein Troubadour. Diese Lieder, die zu Beginn des 12. Jahrhunderts in ganz Paris gesungen wurden – was übrigens beweist, dass der Minnesang zur Zeit Wilhelms von Aquitanien keineswegs auf Okzitanien beschränkt war, und dass es sicher unzulässig ist, Eleonore und ihre Töchter für die Einführung der sogenannten höfischen Manieren an den Höfen Nordfrankreichs verantwortlich zu machen –, diese Lieder rühmten die Freundin, die Geliebte: «Deine Heloïse, in so manchem Lied gefeiert, legtest Du in aller Munde; mich besangen alle Gassen und jedes Haus.»

Das alles stimmt vollkommen mit dem höfischen Modell überein, auch der Weg der Verführung – erst Blicke, dann Worte, Küsse, flüchtige Berührungen –, nur an der letzten Feinheit ließ Abaelard es fehlen: Der Dichter setzte sich über die Regel der Zurückhaltung hinweg. Aber der tiefere Unterschied liegt nicht darin, sondern in der Tatsache, dass dieser Liebhaber nicht, wie Bernard de Ventadour, nur das ungestillte Begehren besang. Sein Lied verstummte nicht, als er im Besitz der Beute war. Im Gegenteil, es schwoll an, wurde ein Siegeslied. «Die große Mehrzahl dieser Gedichte besang unsere Liebe, und so klang mein Name binnen Kurzem weit hinaus in die Lande und weckte in vielen Frauen die Eifersucht», schreibt die Äbtissin des Paraklet. Sie waren neidisch – und was neideten sie ihr? Heloïse sagt es unmissverständlich: die «Wonnen», die Bettfreuden. Diese Art des Liebens weicht ganz offensichtlich insofern von dem höfischen Muster ab, als die Glut das erfüllte Verlangen überdauert. Zwar gibt Abaelard in seinem Bekenntnis zu, nach der Aufdeckung des Abenteuers – nachdem er die Geliebte zur verstohlenen Niederkunft in die Bretagne und dann die Ehefrau ins Kloster von Argenteuil geschickt hatte – habe die «körperliche Trennung» zum «stärksten Band unserer Seelen» geführt. Doch er korrigiert sich unverzüglich: die *gaudia,* die Wonnen des Fleisches, sagt er, erschienen ihm umso lebhafter, je seltener sie waren. Letztlich ist die ganze Geschichte, Étienne Gilson hat es gesagt, «eine Affäre ungebremster Lüsternheit». Sie zeigt die rohe Wahrheit der Beziehungen zwischen Mann und Frau an der Spitze der Pariser Gesellschaft: das Lied als Mittel der Betörung, der höfische Umgang als ein Schmuck, ein

Schleier, der aber die Wirklichkeit, das heißt die schiere Genusssucht, kaum verdeckt.

In diesem Briefroman flauen die Begierde und die Lust nicht ab, nachdem der Mann die Umworbene besessen und alle Wonnen ihres Leibes genossen hat, da die Ehe hier – anders als nach dem klassischen Schema der höfischen Liebe – für die Liebeslust kein Hindernis darstellt. Die körperlichen Wonnen erlöschen nicht in dieser Ehe, sie werden noch geschürt. Heloïse sagt, nach der Trauung sei ihre Liebe in Wahnsinn umgeschlagen, und die Liebe, von der sie spricht, ist nicht nur Herzensliebe. «Und doch, Du weißt es wohl, dass Du an mich mit umso größerer Verpflichtung gebunden bist, (...) als ich Dich allezeit – wie aller Welt offenbar ist – mit grenzenloser Liebe umfasst habe.» Bemerkenswert, in diesem erbaulichen Text mitten im 12. Jahrhundert – um die gleiche Zeit, da die Gestalt der verliebten, aber bußfertigen Maria Magdalena zur Unterdrückung der sündigen Sexualität herangezogen wurde – Stimmen zu hören, die behaupten, dass die physische Bindung der Frau an den Geliebten und die anhaltende Glut der geteilten Sinnesfreuden die regulierende Funktion der Ehe vollenden können, sofern der Ehebund die Gattin der Macht des Mannes unterwirft, Abaelard also «allein Herr meines Leibes und meiner Seele» sei. Einmal verheiratet, gehört Heloïse nicht mehr sich selbst. Sie hat sich ganz und gar gegeben. Sie erwartet nichts dafür, dass sie allen Eifer dareinsetzt, nicht mehr ihre eigenen, sondern die «Wollüste» oder den «Willen» ihres Herrn zu befriedigen. Eine Frau im Zustand absoluter Unterwerfung. Im Licht dieser Untertänigkeitserklärung ist auch eine andere Stelle dieses vierten Briefes zu interpretieren. Wenn Heloïse sagt, sie wolle lieber «Konkubine» oder «Hure» heißen – sie verwendet das gleiche grobe Wort wie Roscelin –, als den Titel «Gattin» zu führen, will sie sich noch mehr erniedrigen. Sie will aber auch, dass bei aller Stärke, aller Würde der Stellung einer Ehefrau die Zärtlichkeiten, die fröhliche Hingabe der «Freundin» erhalten bleiben. Was eine gute Ehe ausmacht, ist also die Unterordnung der Gattin – aber in Verbindung mit der Glut der Liebenden – unter der Bedingung, dass diese Liebe frei und selbstlos ist. Aus diesem Grund hat die Äbtissin des Paraklet im zweiten Brief gerechtfertigt, dass sie einst die Liebe der Ehe, die Freiheit den Ketten vorgezogen hat: Die schöne Liebe soll von jeder Lüsternheit verschont bleiben.

Eben darin besteht die große Lektion dieser

spirituellen Schrift: Die Ehe kann auch der Tiegel sein, in dem sich *amor,* die lüsterne Begierde, ohne den geringsten Kraftverlust in *dilectio* verwandelt, ein reines Streben der Seele. Wegbereiter dieser Alchimie ist natürlich der Ehemann, der Führer, der Meister – in diesem Falle Abaelard, als Erster und wider Willen durch die harten Prüfungen geheilt, die der Herr ihm geschickt hat. Als er nach dem Eintritt ins Kloster von Saint-Denis wieder lehren durfte, tat er es nicht mehr, um Geld und Ruhm zu erlangen, sondern er tat es «aus Liebe zu Gott». Und was sein heftiges Verlangen nach Heloïses Körper betrifft, so erfuhr es eine ähnliche Umwandlung. *Cupiditas,* die Begierde zu nehmen und zu genießen, wich allmählich der *amicitia,* jener freien, großherzigen und – so auch von Heloïse angestrebt – uneigennützigen Gabe seiner selbst, jener wechselseitigen Verehrung, jener Treue, jener Entsagung, die sehr hoch in der Werteskala der Gelehrten und Gebildeten rangierten, die im Zuge der humanistischen Renaissance des 12. Jahrhunderts wieder Cicero und die Stoiker lasen. Abaelard, der Gewissensrat, zeigt sich im fünften Brief bereit, Heloïses Erwartung zu entsprechen und diejenige, die sich ihm so dringlich als seine Gattin in Erinnerung ruft, seine

«Freundin» zu nennen. Er gebraucht dieses Wort, um sie zu überzeugen, dass sie wohl seine Gattin ist, ihr Geliebter aber jetzt Christus heißt, und dass er selbst, der irdische Gemahl, nur noch die Aufgabe hat, ihr zu dienen wie ein guter Ritter seiner Dame. Er gebraucht es, um zu bekräftigen, dass sie, wie Petrus Venerabilis in seinem Brief sagt, in «der göttlichen Liebe» vereinigt sind, einer «umso stärkeren, weil gutartigeren Fessel» einer «geistigen Liebe» (Abaelard), die ihre Erfüllung in der Freundschaft findet. Kaum hat die liebende Heloïse das begriffen, streckt sie auch schon die Waffen. Schluss mit ihren leidenschaftlichen Aufschreien, die den Zeitgenossen, darauf können wir uns verlassen, als verabscheuungswürdiger Ausdruck weiblicher Falschheit und Ruchlosigkeit in den Ohren klangen. Sie schweigt. «Rede Du zu uns, und wir werden hören.» Diese Worte beschließen den letzten Brief der Äbtissin des Paraklet. Sie bezeugen, dass Heloïse sich untergeordnet hat, dass es ihr doch noch gelungen ist, sich zu kastrieren: «Alle Freuden habe ich mir versagt, um Deinem Willen zu gehorchen.» Durch den Mann, dem sie einst ihren Körper hingegeben hat, dessen Gattin sie geworden ist und dessen *voluntas,* dessen männliche Kraft sie schließlich – weil sie in ihrer Liebe standhaft blieb – zur Abkehr von der Wollust brachte, der *voluptas*, jenem Aufgehen in Sinnlichkeit, das die Frauen schwach und gefährlich macht, durch diesen Mann wird Heloïse gerettet. Nicht zu Unrecht hat Jean Molinet sie im 15. Jahrhundert in seinem Kommentar zu diesem Briefwechsel als eine Allegorie der sündigen Seele gedeutet, der die Gnade der Erlösung zuteilwird, als sie endlich zur Demut bereit ist.

Indem wir uns bemüht haben, uns diesem ergreifenden Text sehr behutsam zu nähern, ihn so zu lesen wie die Zeitgenossen, für die er geschrieben war, sehen wir schließlich alle Widersprüche zwischen der Heloïse des Briefwechsels und der Heloïse, die Petrus Venerabilis zu trösten suchte, schwinden. Die wahre Heloïse ist in der Tat die «sehr weise» Heloïse des Gedichts von François Villon. Die gebildete, ja hochgebildete Frau, die, als sie ihre Briefe schrieb – wenn sie denn von ihr geschrieben wurden –, ihre herzzerreißende Liebe am besten durch Verse von Lukan auszudrücken glaubte. Die empfindsame, sinnliche Frau, die aber ihre Sinnlichkeit in Stärke wandelte, da ebendiese Glut am Urgrund ihrer weiblichen Natur sie, wie Petrus Venerabilis sagt, über die profane Weisheit hinaus zur wahren Philosophie gelangen ließ, das heißt zur Liebe Christi. Heloïse, Vorbild und Trost für alle Edelfrauen, die einvernehmlich mit dem Ehemann im Alter ins Kloster eintraten und von denen sich einige Glückliche vielleicht nach den Wonnen zurücksehnten, die sie im Brautbett hatten genießen dürfen. Ein Vorbild auch für die Männer, um sie ihrer Trägheit, ihrer Selbstgefälligkeit zu entreißen. Lehrte Heloïses Geschichte sie nicht – genau wie die der Maria Magdalena –, dass die überströmende, in Tugend aufgegangene Liebe den Leib einer Frau, so schwach und von Begierde durchdrungen er auch sein mag, reiner und unanfechtbarer machen kann als den eines Mannes?

Georges Duby

EDITORISCHE NOTIZ

Diese Ausgabe der *Epistulae* von Abaelard und Heloïse stellt die persönliche Korrespondenz (Briefe I–V) des Paars in den Mittelpunkt und spart alle weiteren, überwiegend theologischen Briefe (VI–XII) aus. Dieser neu eingerichteten und kommentierten Ausgabe liegt die Übersetzung von Paul Baumgärtner zugrunde, die anhand der historisch-kritischen Edition der Originaltexte überprüft und verbessert wurde.

Die Bibelzitate sind in ihrer Nähe zum Lutherdeutsch belassen, um den bereits am Original spürbaren Abstand zwischen der spätantiken Bibelübersetzung und der geschmeidigen Modernität von Heloïses und Abaelards Stil in der Übersetzung nicht zu überdecken.

Die Nummerierung der Absätze hat der Übersetzer zur besseren Orientierung des Lesers vorgenommen.

INHALT

Ergänzende Texte

Textauszüge aus:
Georges Duby, Dames du XIIe siècle – tome I:
Héloïse, Aliénor, Iseut et quelques autres.

Diese Buchausgabe der *Manesse Bibliothek der Weltliteratur*
wurde aus der Berthold Bembo gesetzt
und in Fadenheftung gebunden.
Das FSC-zertifizierte Papier *EOS*
liefert Salzer, St. Pölten.
Alle verwendeten Materialien entsprechen alterungsbeständiger Qualität, die Papiere sind
chlor- und säurefrei.
Printed in Germany 2014
ISBN 978-3-7175-2316-1

www.manesse.ch